# 300
# médicaments
# pour se
# surpasser

## physiquement et
## intellectuellement

# 300 médicaments pour se surpasser

## physiquement et intellectuellement

**BALLAND**

33, rue Saint-André-des-Arts, 75006 Paris

Résultat du travail d'un collectif médical ce livre aborde de front un sujet brûlant dont l'actualité et les médias se font de plus en plus souvent l'écho.

Il ne s'agit pas d'un ouvrage de médecine s'adressant à des personnes malades, mais bien d'un outil d'information destiné à toutes celles et tous ceux qui ressentent légitimement le désir d'améliorer leurs performances physiques et intellectuelles, de combattre la fatigue et les stress inhérents à la vie moderne.

Prendre des médicaments pour résister, pour s'affirmer, pour vaincre dans la compétition vitale, est devenu un besoin ressenti par le plus grand nombre.

Les modes d'action, l'utilité réelle, les indications et contre-indications d'un médicament ne constituent plus un sujet tabou, sévèrement et frileusement gardé par les tenants du pouvoir médical.

Depuis plus d'une décennie, différents « Guides des Médicaments », destinés au grand public, ont contribué à informer les patients, à éduquer les consommateurs, à lever le mystère, à transformer le « client » passif, aveugle et muet, en consultant enfin à même de défendre ses intérêts.

Certains médecins se lamentent sur les hypothétiques méfaits d'une prétendue « surinformation » du public. Il s'agit là d'une attitude profondément regrettable, basée sur la méconnaissance des besoins et des désirs réels des individus.

Il en va de même dans le corps social; consultants et médecins sont des partenaires dont le dialogue ne peut être que fructueux. Un patient informé pressent ses besoins, reconnaît ses symptômes, peut nommer son trouble, peut guider le diagnostic et les choix thérapeutiques du praticien.

Un individu informé se connaît lui-même mieux que son médecin ne le connaîtra jamais.

La science médicale, incarnée par le médecin, est disponible pour apporter les réponses techniques à des problèmes physiques que seul l'individu qui décide d'aller consulter, saura poser dans leurs vraies dimensions existentielles.

Là, réside la véritable question : un sujet fatigué, à bout, exaspéré, un sujet en butte à l'injuste hostilité du monde, un sujet qui a épuisé ses ressources naturelles, doit disposer d'un répertoire des adjuvants disponibles pour l'aider ponctuellement à franchir une passe difficile.

L'ambition de ce livre est de livrer quelques réponses à des questions que chacun se pose. En déblayant le terrain, il prépare ainsi la voie aux nouvelles questions que vous aurez à poser à votre médecin.

Il convient **d'insister** sur le fait que certains médicaments sont dangereux, pris n'importe comment. Leurs recours doit avoir un caractère **exceptionnel.**

Si vous prenez parallèlement un ou plusieurs autres médicaments (pour une affection aiguë ou chronique) des interactions médicamenteuses, parfois dangereuses sont toujours possibles. Il est impératif de soumettre le cas à votre médecin traitant.

---

### Avertissement

La consommation des produits cités doit être impérativement **limitée dans le temps.** Non seulement en raison du danger que représente tout dépassement des doses, prescrites mais pour éviter que l'efficacité du médicament ne s'épuise. Il est encore rappelé que toute prolongation d'un traitement ne peut s'effectuer que sous contrôle médical.

---

# Le droit aux stimulants

Nous vivons dans un monde impitoyable, où être le plus fort, le plus débrouillard, le plus malin, le plus intelligent, le plus rapide mais aussi le plus résistant est devenu une condition nécessaire, sinon suffisante, pour exister, pour réussir ou plus simplement pour tenir.

Il est certes indispensable de rester en bonne santé, équilibré et bien dans sa peau. Nous maintenir en bonne santé, nous guérir si nous sommes malades, tel est le rôle des médecines préventives ou curatives.

Mais un individu en bonne santé peut désirer ou avoir besoin parfois d'en faire plus, de se dépasser, d'aller plus loin dans ses possibilités physiques ou intellectuelles. Il va devoir faire marcher la machine à plein régime, voire en sur-régime pour une durée qu'il faut lui souhaiter la plus brève possible.

Les conditions de la vie moderne, la concurrence et la compétition effrénée des candidats pour obtenir un diplôme, un poste, un succès, une reconnaissance professionnelle ou des gratifications affectives rendent souvent indispensable le recours à des produits tonifiants et stimulants.

Le monde du Sport reproduit de façon parfois caricaturale les conditions de la « vraie vie ». C'est là que la volonté de vaincre, le besoin de se dépasser, de reculer les limites du possible, de réaliser l'exploit jamais vu s'impose à tous les athlètes de manière évidente et institutionnalisée.

Que ce soit pour des raisons personnelles, par goût, ou par esprit de lucre, ou encore poussé par l'orgueil national il ne suffit plus de participer comme le proclamait Pierre de Coubertin, mais bien de triompher, de dominer, d'écraser l'adversaire, de monter enfin sur le podium.

C'est bien entendu pour cette raison que le dopage est apparu et s'est développé surtout dans les milieux sportifs. De tragiques accidents, parfois mortels, des lésions irréversibles, des contre-performances dramatiques et inexpliquées ont eu pour conséquence de provoquer une surveillance sourcilleuse de la part des autorités médicales concernées, que ce soit le Comité International Olympique ou le Ministère de la Santé.

Une liste de substances dites « dopantes » constamment remise à jour est maintenant interdite aux sportifs en compétition sous peine de sanctions sévères : disqualification ou poursuites judiciaires.

Cette véritable inquisition soumet bien souvent les sportifs à des procédés de vérification tatillons, bien que peu efficaces, en dépit de leurs intentions louables.

L'interdiction du dopage en compétition se justifie à la fois au nom d'une bonne conscience et de préoccupations humanistes qui nient les réalités de notre époque.

La bonne conscience des médecins et des scientifiques est fondée sur une argumentation raisonnable, incontournable et tout à fait justifiée : certaines substances sont dangereuses, parfois mortelles, d'autres sont inefficaces ou trompeuses, d'autres enfin sont véritablement utiles; raison de plus pour les interdire.

Quant au discours humaniste sur les vertus du sport : en compétition, les individus sont égaux, sans distinction de nationalité, de sexe ou de couleur. Seuls diffèrent leurs possibilités physiques personnelles, la qualité de leur entraînement, leur éventuel talent ou génie. Le dogme affirme qu'ils ont théoriquement tous les mêmes chances de succès, aucune substance extérieure, aucun dopant du premier ou du troisième type ne viendra les aider.

Nous le constatons et nous l'admettons.

Ce livre n'est pas destiné à aider les sportifs à se « doper ». Il n'indiquera pas non plus les nombreuses techniques plus ou moins efficaces, destinées à déjouer les contrôles antidopage.

Nous disons simplement que la vie quotidienne,

la compétition vitale, le « struggle for life » des Anglo-Saxons est autrement plus ardue, plus rude et plus soutenue que le plus spectaculaire des exploits des dieux du stade.

Dans le cadre de l'existence d'individus en bonne santé, le recours transitoire à des stimulants, à des tonifiants, est non seulement parfaitement licite, mais peut être utile et même parfois indispensable.

Qu'il s'agisse de préparer un concours, de terminer un travail urgent, de se défendre, de survivre dans un milieu hostile, de briller en société ou simplement d'exposer clairement ses idées, avoir la possibilité de puiser dans ses réserves pour disposer du « plus » qui fera la différence constitue le facteur déterminant du succès.

Ce livre vous indique les règles du bon usage de ce plus. Pourquoi et comment utiliser les stimulants physiques et cérébraux; comment le faire sans risques et sans dangers; ce que l'on peut en craindre; ce que l'on doit en attendre. Et jusqu'où ne pas aller trop loin.

Les substances « dopantes » constituent un apport positif dans un contexte vital où bon nombre d'individus sont conduits à baisser les bras, à renoncer, quand ce n'est pas à s'échapper, à fuir ou à se réfugier dans les satisfactions illusoires créées par la consommation anarchique, illégale et ruineuse de drogues dures, toujours dangereuses, très souvent mortelles.

Utiliser les stimulants à bon escient, avec le

conseil d'un médecin ou de son propre chef, ce n'est pas devenir un toxicomane ou un drogué. Les substances dopantes, telles que nous les envisageons dans ce livre, sont étrangères au monde infernal de la Drogue et doivent le rester.

# Se « doper »
# n'est pas se droguer

Il est tout d'abord nécessaire de lever une ambiguïté de vocabulaire responsable d'un discours malsain et nuisible à une bonne compréhension des différences spécifiques entre dopants et drogues.

Dans l'argot des toxicomanes, le terme « dope », d'origine anglo-saxonne, désigne toutes les substances, narcotiques ou autres utilisées comme drogues dures. Le large emploi de ce mot, dans les discours médiatiques ou spécialisés sur la toxicomanie, est à l'origine de la valeur péjorative attachée au dopage et responsable des réserves qu'il suscite.

Le mot drogue, « drug » en anglo-américain, désigne tous les médicaments quels qu'ils soient. Un drugstore est au départ une pharmacie. En France, où l'on parle plus volontiers de médicaments, le mot drogue reste utilisé par les professionnels de la santé pour désigner les produits thérapeutiques de façon globale.

Pour le grand public en revanche, ainsi que pour

les médias, parler de drogue (ou des drogues) signifie avant tout discourir sur les toxicomanes (les drogués) et les produits qu'ils s'injectent, sniffent, fument ou inhalent (les drogues, dures ou douces).

Il serait donc souhaitable de s'inspirer des milieux scientifiques, de rejeter le terme de drogue, de le remplacer par « psychotropes » ou « substances psycho-actives ».

Les toxicomanes sont des utilisateurs de psychotropes, ou substances psycho-actives, ou drogues, à des fins non médicales. La différence faite habituellement entre drogues « dures » et drogues « douces », est très équivoque et donne de la réalité une image bien naïve.

La toxicomanie, liée à la consommation répétée de psychotropes, de drogues dures ou douces entraîne une forte dépendance psychique ou physique et incite à un accroissement progressif des doses. Les produits s'administrent le plus souvent par voie intraveineuse, sont très toxiques pour les utilisateurs et provoquent des effets psychiques particulièrement intenses et dépersonnalisants.

Le dopage, « doping » en anglo-américain, signifie l'action de prendre ou d'administrer des stimulants en vue d'améliorer une performance, ou une prestation, dans le domaine du sport, mais aussi dans n'importe quel autre domaine. Dans cette optique, un sujet sain qui utilise un « dopant », qu'il s'agisse ou non d'une substance psychoactive, est à distinguer soigneusement d'un toxicomane.

La consommation de dopants représente une réponse ponctuelle à un problème spécifique, une réponse nécessaire dans un but précis : fournir un surcroît de travail physique ou intellectuel, bénéficier d'un « coup de fouet » ou recharger ses batteries.

Le consommation ponctuelle n'entraîne pas de dépendance physique ou psychique et ne nécessite pas d'augmentation progressive des doses.

La majorité des dopants peuvent se prendre par la bouche, sans injection, leur toxicité éventuelle peut être parfaitement contrôlée. Elle sera négligeable en cas d'usage prudent sous contrôle médical.

Les effets physiques et psychiques provoqués par les dopants peuvent, certes, être forts ou même intenses, mais ils se limitent toujours à un éveil, à une stimulation cérébrale, à une lutte contre la fatigue musculaire.

Les dopants ne menacent pas leurs utilisateurs de glisser vers la dépersonnalisation, la déchéance ou l'hébétude.

Si certains dopants sont interdits aux sportifs, se doper dans la vie courante signifie avant tout tirer parti au maximum de ses potentialités physiques et cérébrales dans un but positif.

Il ne s'agit pas de chercher à distordre un réel jugé inacceptable ou contraignant pour s'en abstraire et s'en exclure.

Se droguer signifie un rejet, un refus du monde réel, une quête suicidaire, une fuite insensée dans les limbes imaginaires de la dépersonnalisation.

Se doper, dans le monde moderne, représente un processus d'intégration parfois indispensable, une arme pour affronter le réel.

Si vous êtes fatigué, épuisé, déprimé, vidé, lessivé, crevé, « H.S. », ou si plus simplement, vous n'avez pas la forme, il existe un grand nombre de médicaments fortifiants, tonifiants, stimulants, revigorants, destinés à vous aider à passer un cap difficile ou à soutenir un effort intense et prolongé.

Ces médicaments ont des actions, des indications et des contre-indications diverses et bien précises.

Ils se répartissent en 8 classes distinctes :

Les vitamines,
Les sels minéraux et oligo-éléments,
Les fortifiants,
Les stimulants cérébraux,
Les stimulants respiratoires et cardio-vasculaires,
Les bêta-bloquants,
Les hormones anabolisantes.

Parmi ces médicaments, les règlements internationaux, comme le Comité International Olympique (CIO) distinguent trois classes de substances dopantes proprement dites, qui sont interdites aux sportifs en compétition :

– les stimulants (cérébraux, respiratoires et cardio-vasculaires),
– les hormones anabolisantes,
– les bêta-bloquants.

Bien qu'interdits aux sportifs pour des raisons d'éthique de la compétition, ils peuvent vous êtes utiles dans certains cas bien définis et seront sans danger si vous les utilisez raisonnablement.

Le Comité Médical du CIO ajoute à cette liste, deux classes supplémentaires de substances dopantes interdites :

Les narcotiques,
Les diurétiques.

Nous ne développerons pas l'étude de ces deux dernières classes de médicaments. En effet, les narcotiques sont des drogues dures (héroïne, morphine) interdites par la loi, toujours dangereuses et toujours inutiles en tant que substances stimulantes, car elles ont tendance, au mieux, à calmer la douleur, au pire à abrutir.

Quant aux diurétiques, ils servent aux sportifs à perdre rapidement du poids si besoin, mais surtout à camoufler la prise illicite de substances interdites par les règlements.

Un sujet en bonne santé, désireux de lutter contre la fatigue ou d'améliorer ses performances, ne consommera jamais ni narcotiques, ni diurétiques.

Il faut enfin parler du dopage sanguin. Il s'agit

de transfusions de sang frais, dans le but d'éliminer la fatigue et de permettre une récupération complète et immédiate avant de futures performances. Il est interdit aux sportifs en compétition (par le Comité Médical du CIO), en revanche, cette méthode peut être utile pour revigorer certains sujets dans des circonstances bien particulières et en dehors du monde de la compétition sportive.

## Les vitamines

Les spécialités pharmaceutiques contenant une ou plusieurs vitamines figurent parmi les médicaments les plus vendus.

L'utilité vitale des vitamines est considérable, car elles occupent une position clé dans le métabolisme de l'organisme, au carrefour de toutes les réactions enzymatiques mettant en jeu la production d'énergie.

La plupart des vitamines sont utilisées pour des raisons diverses dans les médicaments dopants :

*La vitamine B1* (thiamine) dont la carence entraîne lassitude, faiblesse musculaire, irritabilité, dépression, pertes de mémoire.

*La vitamine B6* (piridoxine) qui aide surtout à la pénétration dans l'organisme d'autres substances, le magnésium par exemple, dont la carence est génératrice de troubles nerveux : somnolence, irritabilité.

*La vitamine B11* (acide folique) nécessaire à la croissance et à la division cellulaire.

*La vitamine B12* (cyanocobalamine) indispensable à la formation des globules rouges et au maintien de la trophicité des fibres nerveuses.

*La vitamine PP* (acide nicotinique) dont le déficit est responsable de troubles importants du système nerveux.

*La vitamine C* (acide ascorbique), vitamine énergétique par excellence. C'est un facteur antistress qui augmente les possibilités de défense de l'organisme en lui permettant de s'adapter plus rapidement aux circonstances extérieures, telles que le froid ou l'effort.

Certains auteurs (Linus Pauling) ont conseillé des doses importantes (plusieurs grammes) de vitamine C à prendre quotidiennement et indéfiniment pour lutter contre toutes les maladies et en particulier éviter les cancers.

*Les vitamines D2 et D3* (ergocalciférol et cholécalciférol) jouent un rôle essentiel dans la fixation du calcium et la constitution du squelette. Elles sont également un traitement de choix de la nervosité et de l'hyperexcitabilité neuro-musculaire.

*La vitamine E* (tocoférol) possède une action énergétique à long terme. Elle augmente la résistance et la longévité. Elle supprime les « coups de pompe ».

Les authentiques carences vitaminiques sont rares. Elles provoquent des maladies bien distinctes comme le scorbut qui frappait les navigateurs trop longtemps privés de légumes et fruits frais.

Cependant, notre alimentation s'est tellement modifiée depuis un quart de siècle qu'elle est maintenant le plus souvent déséquilibrée. La plupart d'entre nous sont en état de précarence vitaminique, ce qui justifie le recours à des apports extérieurs.

Il est bien établi que bon nombre de sujets, en particulier les femmes enceintes, les personnes âgées, les personnes souffrant de troubles intestinaux, les alcooliques, présentent véritablement un besoin accru en vitamines.

Les vitamines prises à trop fortes doses peuvent avoir un effet néfaste sur la santé, être responsables de vomissements, pertes d'appétit, troubles gastriques et intestinaux, rougeurs de la peau, augmentation du taux de sucre sanguin, dépôts de calcium dans les vaisseaux et les reins (hypervitaminose D) ou encore diarrhées et insomnies (vitamine C).

## Les sels minéraux et les oligo-éléments

Les sels minéraux sont les éléments métalliques présents en quantité importante dans l'organisme, les plus représentatifs étant le calcium, le magnésium, le potassium et le phosphore.

Les oligo-éléments, en revanche, existent sous forme de métaux ou de métalloïdes présents en quantités infimes (soufre, lithium, cobalt, manganèse...) mais ils sont indispensables au bon déroulement des réactions enzymatiques nécessaires à la production de l'énergie.

**Le calcium** a une importance primordiale. Il intervient dans la constitution des os, dans l'activité de contraction du cœur et des muscles ainsi que dans la conduction nerveuse et le métabolisme cérébral.

Les besoins quotidiens en calcium (1 à 2 g/jour) sont rarement couverts par l'alimentation, un apport extérieur sera donc souvent le bienvenu.

Le manque de calcium contribue à la fatigue musculaire, aux crampes, à la tétanisation, aux spasmes, ainsi qu'à la baisse des performances cérébrales.

Rappelons ici que le métabolisme du calcium est contrôlé par la vitamine D ainsi que par une hormone parathyroïdienne, la calcitonine.

De trop fortes doses de calcium sont contre-indiquées en cas d'insuffisance rénale ou de tendance aux lithiases (calculs) urinaires.

**Le magnésium** constitue un des facteurs équilibrants de l'organisme. Il est présent dans tous les grands métabolismes et est surtout nécessaire à la régulation de l'excitabilité neuromusculaire ainsi qu'au bon fonctionnement du système nerveux central.

Il est admis actuellement que les besoins quotidiens en magnésium (8 à 15 mg/jour) sont loin d'être assurés par l'alimentation et qu'un apport extérieur est indispensable.

Spasmes, tremblements, crampes, fatigue, irritabilité, pertes de mémoire, dépression, insomnies, sont parmi les conséquences les plus fréquentes du déficit magnésien.

De trop fortes doses de magnésium sont contre-indiquées en cas de maladies des reins.

**Le potassium** est également un métal intervenant dans l'excitabilité neuromusculaire, en particulier au niveau cardiaque.

Une baisse de potassium, spontanée ou provoquée par les diurétiques (médicaments qui augmentent la quantité d'urine) ou l'emploi prolongé des laxatifs entraîne fatigue musculaire, crampes et accélération du rythme cardiaque.

**Le phosphore**, indispensable à la bonne santé du tissu osseux et au fonctionnement des cellules cérébrales peut également, bien que plus rarement, être insuffisamment présent dans l'alimentation. Ce qui entraîne baisse de l'efficience cérébrale et fragilité osseuse.

L'apport phosphoré souhaitable (1 à 1,5 g/jour) d'origine extérieure combat efficacement les états de fatigue intellectuelle.

**Les oligo-éléments,** présents en quantité infime dans notre corps, sont en principe apportés en quantité suffisante par notre alimentation. En réalité, les engrais chimiques sont souvent facteurs de carences et bien des minéraux participant aux réactions énergétiques sont globalement déficitaires.

Ces faits justifient certaines thérapeutiques de « terrain » visant à combattre les fatigues saisonnières par l'apport au long cours de cuivre, cobalt et manganèse.

## Les fortifiants

Les acides aminés entrent dans la constitution des protéines, elles-mêmes matériaux de base de nos cellules.

Les enzymes provoquent ou aident les réactions biochimiques aboutissant à la synthèse des protéines.

Il est logique de penser qu'un apport extérieur d'acides aminés et d'enzymes sera capable de rétablir un équilibre déficient, tant au niveau musculaire que cérébral.

De nombreux reconstituants et fortifiants jouent ainsi leur rôle de dopants en associant dans leur composition acides aminés, extraits d'organes, constituants des cellules nerveuses et musculaires, ce qui augmente le rendement énergétique.

## Les stimulants cérébraux

Avec les stimulants cérébraux nous abordons les substances dopantes au sens véritable du terme, c'est-à-dire les produits susceptibles d'accroître passagèrement les possibilités cérébrales d'un individu.

On distingue parmi les stimulants cérébraux ou « psychostimulants » les amphétamines et les psycho-stimulants non amphétaminiques.

**Les amphétamines,** substances synthétiques dérivées de la phényl-éthylamine, ont une action stimulante très prononcée sur le système nerveux central et le comportement en général.

L'usage strictement médical des amphétamines est actuellement très restreint. Il se limite à traiter quelques enfants présentant des troubles hypercinétiques, à atténuer certains symptômes de la maladie de Parkinson, à réduire les effets de la narcolepsie (maladie où l'on s'endort spontanément de façon répétée et imprévisible) et enfin à contrecarrer les intoxications aux barbituriques.

Les amphétamines furent beaucoup utilisées au cours des cures d'amaigrissement car elles limitent l'appétit (rôle coupe-faim). Tous les réducteurs de l'appétit encore disponibles actuellement sont dérivés des amphétamines bien que leurs propriétés soient nettement atténuées.

Chez un individu en bonne santé, les amphétamines servent à augmenter l'endurance, à améliorer les performances dans le cadre des compétitions sportives, à stimuler les processus mentaux lors d'activités cérébrales soutenues, à maintenir l'état d'éveil et à atteindre un stade euphorique.

Rappelons que si les amphétamines sont strictement interdites aux sportifs en compétition, elles ne provoquent ni toxicomanie ni dépendance lorsqu'elles sont absorbées régulièrement à doses faibles (10 à 50 mg/jour) et par voie orale. Utilisées avec prudence, elles maintiennent l'état d'éveil, stimulent le système nerveux central, limitent l'appétit, euphorisent et augmentent la libido.

A des doses plus élevées, administrées le plus souvent en intraveineuses, elles risquent en revanche de provoquer l'apparition d'une authentique toxicomanie avec excitation psychomotrice, insomnies, tachycardie, hypertension artérielle, tremblements, amaigrissement intense, troubles psychiques graves, risques de collapsus cardio-vasculaire mortel.

Les quelques anorexigènes (coupe-faim), substances proches des amphétamines, (disponibles en France exclusivement sur prescription médicale) ne présentent pas ces dangers et leurs propriétés psycho-stimulantes les rendent précieux à qui recherche une diminution de fatigue physique ou nerveuse. Ils sont également classés dans les substances dopantes interdites aux sportifs.

**Les psychostimulants non amphétaminiques,** dont le plus connu est la caféine, luttent contre le surmenage nerveux, les pertes de mémoire, et vous aident à mener à bien un travail cérébral difficile.

La caféine s'emploie associée à d'autres substances dans la composition de nombreux médicaments, mais elle peut aussi se consommer seule, sous forme de café (une tasse de café fort contient 100 mg de caféine) ou d'ampoules injectables intraveineuses dosées à 250 mg.

La caféine est certainement le stimulant le plus largement utilisé dans le monde; on la trouve à l'état naturel dans les grains de café, les feuilles de thé, les noix de kola, les semences de cacao, les feuilles de maté. Son action stimulante s'exerce principalement sur le système nerveux central. Elle se traduit par une réduction de la fatigue, une augmentation des performances d'ordre cérébral ou moteur, un accroissement de la sensibilité aux stimulations sensorielles et une diminution des temps de réaction.

Elle est interdite aux sportifs en compétition, bien qu'en réalité ses inconvénients et ses dangers soient faibles : à très fortes doses, possibilité d'excitation, d'insomnies, de maux de tête, de tachycardies et de palpitations.

De nombreux psychostimulants non-amphétaminiques font appel à des substances diverses, telles le Déanol (Diméthyl-aminoéthanol), le piracétam, la fénozolone, le fipexide ou encore à des nombreux acides aminés (acide N-acétyl-aminosuccinate bipotassique) et co-enzymes destinés à accroître le rendement des cellules nerveuses.

A la différence de la caféine, ces dernières substances sont autorisées aux sportifs. Leurs effets se caractérisent également par une accélération des métabolismes, une stimulation des fonctions intellectuelles, de l'attention, de la mémoire, de l'activité, enfin par une récupération plus rapide. Leurs inconvénients sont négligeables s'ils sont maniés raisonnablement. En cas de doses excessives, insomnies, irritabilité, anxiété gênantes seront possibles.

Rappelons enfin que la vitamine C, en dehors de ses propriétés énergétiques, détoxicantes et défatigantes, possède une action excitante reconnue, ce qui explique qu'on la trouve souvent dans la composition de nombreux psycho-stimulants.

## Les stimulants respiratoires et cardio-vasculaires

Ces médicaments, utilisés comme « dopants » par un sujet en bonne santé, visent à augmenter les possibilités respiratoires, à stimuler le muscle cardiaque, et à faire remonter la tension artérielle.

L'augmentation des possibilités respiratoires accroît l'oxygénation des muscles et du cerveau, facilitant ainsi la récupération. Les groupes musculaires concernés par l'effort sont plus rapidement et plus complètement opérationnels. L'éveil et la volonté plus immédiats et plus soutenus.

Les stimulants cardio-vasculaires agissent sur la contraction du cœur et le débit cardiaque. La tension artérielle monte, les artères se dilatent. La résistance à l'épuisement musculaire augmente. La sensation de fatigue diminue. Le cerveau, là encore, mieux oxygéné, est plus apte aux processus intellectuels intenses.

Stimulants cardio-vasculaires et respiratoires sont interdits aux sportifs en compétition. Seul l'Heptaminol (stimulant cardio-vasculaire en vente libre) n'a jamais figuré sur la liste du CIO et a disparu en 1987 de la liste des substances interdites par l'Union Cycliste Internationale (UCI).

En dépit de ces interdictions, les substances stimulantes de la respiration et du système cardio-vasculaire présentent peu de dangers. On signale la possibilité, en cas de prise de doses importantes, de réactions d'intolérance, de diarrhées, d'hypertension artérielle, de fourmillements des doigts, d'accès de toux, de bouffées de chaleur, d'état d'agitation motrice. Dans la réalité ces effets indésirables n'existent qu'en cas d'emploi de doses massives; ces substances sont d'un maniement fiable aux doses conseillées.

## Les bêta-bloquants

Ils constituent une classe bien particulière. En effet, on n'attend pas d'eux une diminution de la fatigue musculaire ou une augmentation des performances physiques ou intellectuelles.

Les bêta-bloquants empêchent les décharges d'adrénaline de se manifester. Ils ralentissent le cœur, font baisser la tension artérielle et diminuent l'excitabilité neuromusculaire.

Leur intérêt essentiel est d'améliorer la stabilité émotionnelle, la concentration, la relaxation. Surtout, ils suppriment le trac tout en laissant intactes les possibilités intellectuelles.

Ils sont tous interdits aux sportifs en compétition. Leurs dangers, en cas de doses trop fortes ou de prise prolongée, sont réels : risques de fatigue intense, d'insomnie rebelle, de dépressions, de perte de la libido, d'insuffisance cardiaque, de mort subite.

En revanche, l'utilisation ponctuelle d'un bêta-bloquant en tant que technique « antitrac » ne présente pas d'inconvénient. On peut à juste titre les conseiller avant de passer un examen, avant de se présenter à une épreuve orale redoutée ou encore avant de prononcer un discours particulièrement attendu. De nombreux politiciens, hommes d'affaires et étudiants les utilisent lorsque leur stabilité émotionnelle doit demeurer sans faille.

## Les hormones

Les hormones mâles, naturelles ou de synthèse, la cortisone, produisent des effets stimulants, excitants et euphorisants. Elles ont également la propriété d'accélérer la synthèse des protéines et donc d'augmenter la croissance musculaire. Elles réalisent de plus un effet antifatigue, surtout chez les personnes âgées, les sujets amaigris, les convalescents.

Toutes les hormones mâles aident à fabriquer du muscle (en conjonction avec une alimentation riche en protéines), améliorent les possibilités physiques, stimulent la volonté et l'agressivité, contribuent à faire reculer le seuil de la fatigue. Elles ont également une action très positive sur la fonction sexuelle masculine, accroissant les performances dans ce domaine.

La cortisone, hormone anti-inflammatoire sécrétée par les glandes surrénales, est considérée comme l'arme majeure de la lutte contre le stress. Ses effets sur le psychisme : stimulant de la volonté, euphorie, sensation de force sont bien connus; d'où son utilisation comme stimulant pour un sujet en bonne santé.

Les hormones femelles, surtout les œstrogènes, utilisées à partir de la période de préménopause, améliorent l'humeur et le tonus, combattent la fatigue et les tendances dépressives. Sur le plan sexuel, la prise d'œstrogènes stimule la libido féminine et favorise localement la trophicité du vagin, indispensable à des rapports satisfaisants et indolores.

Les hormones anabolisantes (de construction musculaire) naturelles ou de synthèse, sont toutes interdites aux sportifs en compétition. A juste titre. Des athlètes en firent un usage immodéré dans certaines spécialités où l'importance de la masse musculaire est déterminante (haltérophilie, boxe, course de fond...). Les dangers étaient alors réels et gravissimes; altérations et cancers du foie, stérilité et atrophie des testicules, infarctus, masculinisation définitive des femmes (modification de la voix, pilosité abondante), ruptures musculaires, hypertension...

Cependant, l'usage licite des anabolisants, sous contrôle médical, à des doses prudentes, procure des effets positifs indiscutables sur les fonctions musculaires et sexuelles.

La cortisone, elle aussi interdite aux sportifs, présente également un grand nombre d'effets secondaires indésirables ou dangereux, tels que : risques d'ulcère à l'estomac, de diabète, de décalcification, d'affaiblissement des systèmes de défense de l'organisme.

En réalité, ces troubles majeurs n'apparaissent qu'au cours de traitements de longue durée nécessitant des doses importantes de produit. Là encore, un usage ponctuel pourra être bénéfique sans risque de lésion grave.

Les hormones femelles, en particulier les œstrogènes, ne figurent pas au nombre des substances interdites aux sportives, d'autant que leur usage et leurs effets stimulants sont limités à un groupe de sujets particulier, celui des femmes en période de préménopause.

Nous avons déjà indiqué que notre approche des substances « dopantes » exclut formellement deux classes de produits, les narcotiques et les diurétiques (en dépit de leur inclusion dans la liste des médicaments prohibés, strictement interdits aux athlètes par les autorités médicales sportives et par les règlements internationaux).

Nous allons brièvement nous en expliquer :

Les narcotiques comprennent les morphiniques (opium, morphine, codéine, palfium, héroïne) et les dérivés du canabis (haschich et marijuana).

Les morphiniques dont certains sont interdits par la législation sur les stupéfiants (héroïne) sont avant tout des médicaments antidouleur ou, mieux, qui rendent indifférent à la douleur. Ils permettent à un boxeur d'encaisser les coups ou à un blessé de continuer un match ou une course. Mais leur action euphorisante est très rapidement limitée par leurs effets sédatifs qui entraînent somnolence, apathie et engourdissement de l'esprit. Nous sommes bien loin de ce que l'on peut attendre d'un stimulant.

Les dérivés du canabis (haschich et marijuana) sont interdits par la législation sur les stupéfiants. Eux aussi sont euphorisants et suppriment les inhibitions. Surtout, ils réduisent l'attention, créent une distorsion temporelle et perturbent la mémoire. Si un toxicomane peut souhaiter rechercher de telles sensations, un individu sain et soucieux d'efficacité les fuira comme la peste.

Les diurétiques, eux aussi interdits aux sportifs, ne sont en aucun cas des dopants. Rappelons qu'ils servent avant tout à perdre du poids avant une compétition. On les utilise également pour camoufler l'absorption des substances interdites, car, en cas de contrôle, les diurétiques en réduisent la concentration urinaire. Nous ne nous étendrons pas sur leurs dangers potentiels qui sont nombreux.

Reste enfin le problème de la cocaïne. Elle est une authentique drogue stimulante. Cet alcaloïde provient des feuilles du cocaïer (érythroxylon coca) et s'obtient également par synthèse chimique.

La cocaïne fait partie des substances interdites aux sportifs depuis 1967. Son usage est également réprimé par la législation sur les stupéfiants. Nous l'excluons donc de cet ouvrage consacré aux « dopants » utilisables en toute légalité.

# Substances
# et médicaments voisins

Un certain nombre de médicaments prescrits chez des malades anxieux, insomniaques, déprimés ou souffrant de syndromes douloureux aigus ou chroniques, peuvent avoir des effets proches de ceux des stimulants dans la mesure où leur résultat le plus apparent sera de réduire la fatigue.

Il faut cependant les distinguer soigneusement des véritables « dopants » pour deux raisons :

1° Ils sont prescrits à des sujets malades.

2° La stimulation qu'ils apportent est *secondaire* à la réduction du symptôme fatigue. Que ce soit la fatigue de ceux qui ne dorment pas, de ceux que l'anxiété épuise par le biais de l'hyperexcitabilité neuromusculaire, la fatigue de la dépression nerveuse ou encore celle engendrée par les douleurs chroniques.

Les anxiolytiques, les somnifères et les antalgiques ne sont pas utilisés comme stimulants à cause de leurs effets sédatifs et de la diminution de la vigilance, ainsi que du relâchement musculaire qu'ils provoquent.

Les antidépresseurs, bien qu'ils soient par définition des stimulants de l'humeur, ne sont pas non plus des substances permettant de se dépasser : ils n'ont aucune action sur un sujet sain (en dehors d'effets secondaires désagréables) et leur action est retardée; elle ne se manifeste qu'après deux à trois semaines de traitement.

Nous avons déjà signalé que la caféine représente sans doute le stimulant le plus utilisé dans le monde. Deux autres produits de consommation courante partagent ce privilège : l'alcool et le tabac.

L'alcool désigne dans le langage courant l'alcool éthylique (éthanol), contenu à des concentrations diverses dans le vin, la bière, le cidre, les spiritueux. Pris à faible dose, il exerce dans un premier temps un effet psychique stimulant par levée des inhibitions et procure une amélioration des performances intellectuelles et motrices. Ces effets, passagers, s'accompagnent d'une action sédative et anxiolytique.

Rapidement cependant, on constate un ralentissement de la motricité et une diminution des possibilités mentales allant jusqu'à la confusion et jusqu'aux difficultés d'élocution des personnes ivres.

Quant aux effets de l'alcoolisme chronique sur le corps, ils vont des cirrhoses aux maladies neurologiques graves, en passant par des modifications profondes de la personnalité.

48

Si l'alcool représente effectivement un antistress utile à faibles doses, sa consommation régulière et/ou excessive ne peut qu'engendrer des contre-performances. Il n'est pas interdit aux sportifs, mais, pudiquement « soumis à certaines restrictions »!

La nicotine, principal alcaloïde du tabac, est fumé, prisé ou chiqué dans le monde entier depuis que Christophe Colomb le découvrit en Amérique centrale en 1492.

Le tabac exerce des effets stimulants et antistress. Il diminue la sensation de faim, améliore le niveau de vigilance tout en apaisant l'humeur. Son action est très rapide, que ce soit sur la concentration ou la détente.

Selon les dernières statistiques, 39 % des médecins fument, cependant la nicotine est loin d'être une substance anodine. Elle entraîne une accoutumance, semble toxique pour le système nerveux, fait monter la tension artérielle et accélère le cœur. Elle augmente la viscosité sanguine, favorisant artérites et infarctus. Quant aux goudrons contenus dans le tabac, leur action cancérigène semble bien établie.

Le tabac ne figure sur aucune liste de produits interdits aux sportifs et rappelons qu'en 1983 à Rome, Thierry Vigneron grilla une cigarette dans les instants qui précédèrent son record du monde de saut à la perche (5,83 m).

# Attitude du corps médical
## face
## aux médicaments « dopants »

Un bon nombre de substances « dopantes », dont certaines très actives, figurant dans ce livre, sont en vente libre et donc disponibles en pharmacie, sans ordonnance, pour un prix souvent modique.

Il suffit de savoir ce que l'on veut, d'avoir envie d'essayer, voire de demander un conseil au pharmacien qui sera ravi d'avoir l'occasion de vous faire profiter de ses lumières.

De toute manière, les pharmaciens ne refusent pas de vendre sans prescription médicale des produits échappant au remboursement de la Sécurité sociale!

En ce qui concerne les médicaments délivrés uniquement sur ordonnance, rappelons, tout d'abord, qu'ils sont inscrits sur des listes de substances dites « vénéneuses » et classés en trois tableaux :

Tableau A : substances *toxiques*,
Tableau B : substances *stupéfiantes*,
Tableau C : substances *dangereuses*.

L'ordonnance des produits du tableau A n'est pas renouvelable, sauf si le médecin a précisé « à renouveler », ainsi que le nombre de renouvellements autorisés.

Les ordonnances du tableau B ne sont jamais renouvelables et doivent être établies sur un ordonnancier spécial, le carnet à souches, délivré par l'Ordre des médecins.

Les produits du tableau C sont renouvelables indéfiniment sauf mention contraire inscrite par le médecin.

Tout médecin jouit de la possibilité de prescrire tout médicament qu'il jugera utile à un sujet donné. La définition du terme de médicament est très large : « toute substance ou composition présentée comme possédant des propriétés préventives ou curatives à l'égard des maladies humaines ou animales, ainsi que tout produit pouvant être administré à l'homme ou à l'animal en vue d'établir un diagnostic médical ou de restaurer, corriger ou modifier leurs fonctions organiques ».

Cette définition, placée en tête du livre V du Code de la Santé, rend licite pour tout médecin l'administration d'une substance donnée, soit « à titre préventif » soit pour « restaurer, corriger ou modifier » une fonction organique.

Cependant, la loi réprime « quiconque aura, *en vue d'une compétition sportive*, utilisé sciemment l'une des subtances déterminées par le règlement public qui sont destinées à accroître artificiellement et passagèrement ses possibilités physiques et sont susceptibles de nuire à sa santé ».

Le Code de la Santé Publique punit d'emprisonnement et/ou d'amende « ceux qui auront facilité à autrui l'usage desdites substances ou plantes à titre onéreux ou gratuit ».

Un médecin sollicité pour prescrire des substances dopantes à un sportif peut donc être considéré comme complice ou mettre un sportif en difficulté si un contrôle antidopage se révèle positif.

Hors du monde du sport, la liberté de prescription du médecin reste entière. Il doit cependant tenir compte des éventuelles indications restrictives de l'AMM (autorisation de mise sur le marché) qui précisent à quoi sert, ou doit servir, un médicament. En cas d'incident ou d'accident, il pourrait donc être reproché à un médecin d'avoir méprisé ou méconnu les restrictions de l'AMM. Si un médecin vous prescrit, comme il en a le droit, une substance « dopante », il doit le faire avec prudence et avec la certitude que le produit vous sera bénéfique.

Ces quelques réserves étant posées, les membres du corps médical sont suffisamment confrontés aux réalités de la vie quotidienne, suffisamment conscients de l'aide qu'ils peuvent et doivent vous apporter, pour que vous n'hésitiez pas à leur demander soutien et compréhension. Aide d'autant plus nécessaire qu'elle représente parfois la seule alternative au désespoir et à la tentation de la drogue. Refuser cette aide serait véritablement une non-assistance à personne en danger.

Une dernière question se pose, celle de la peur. La peur légitime d'absorber une substance qui peut être dangereuse pour la santé. Cette peur des médicaments a toujours existé mais elle est sans doute plus forte aujourd'hui où les produits de la pharmacopée sont parfois redoutablement efficaces.

Cette peur, le plus souvent irraisonnée, mais quelquefois justifiée est à l'origine du succès actuel des médecines « douces », de la phytothérapie, de l'homéopathie, de toutes les techniques de thérapeutique alternatives, qui, si elles sont peu utiles, sont, au moins, données comme inoffensives. On ne risque rien à essayer et, si ça ne fait pas de bien, ça ne peut pas faire de mal.

Sans vouloir polémiquer, il est clair que certains des principes actifs tirés des plantes sont tout aussi dangereux que n'importe quel produit de synthèse qui en reproduit les propriétés. En outre, chacun sait que même les plus fervents tenants des médecines « douces » se tournent vers l'allopathie et la médecine hospitalière la plus « dure » dès que leur cas est suffisamment sérieux.

Nous pensons que la peur doit disparaître avec l'information. Ce livre a pour but d'expliquer loyalement ce que l'on doit attendre d'un « dopant » et ce que l'on peut en craindre. Les professionnels de la santé sont là pour vous conseiller, vous communiquer leur savoir et leur expérience, éclairer votre jugement.

Il ne s'agit pas de jouer avec le feu mais d'agir utilement quand cela est nécessaire. Il n'est pas question, sans contrôle, d'absorber des médicaments en excès, mais bien d'aider votre organisme, quand il le faut. La chirurgie fait peur, mais il faut parfois se faire opérer. Les antidépresseurs font peur, mais il est indispensable d'en prendre si l'on est atteint de mélancolie grave. Si vous ressentez le besoin de vous surpasser, seule l'information pourra dissiper vos craintes, seule la connaissance combattra votre peur.

# « Dopants » physiques
# et musculaires,
# fortifiants, tonifiants

La fatigue physique, dont nous verrons plus loin qu'elle est souvent intriquée à la fatigue psychique, concerne dans notre pays au moins une personne sur trois.

Toutes ne vont pas voir un médecin, mais pour le généraliste ce symptôme fatigue représente environ 60 % des motifs de consultation médicale. Au sein de cette immense cohorte de patients fatigués le médecin reconnaît bien vite les véritables malades.

Ils sont relativement peu nombreux (10 à 25 %), et souffrent d'une affection plus ou moins grave dont la fatigue constitue une sonnette d'alarme révélatrice.

Une fois le diagnostic établi, le traitement de la « fatigue-maladie » se confond avec celui de sa cause. En langage médical il s'agit d'un traitement étiologique, qu'il s'agisse, par exemple de soutenir le cœur, de faire baisser la tension artérielle, d'extirper un cancer, de soigner une tuberculose, d'équilibrer un diabète ou encore de freiner la glande thyroïde.

Heureusement, l'immense majorité des individus fatigués n'est pas malade. Ceux-ci sont même souvent en excellente santé.

Ils sont simplement fatigués...

Il s'agit d'une « fatigue-mode de vie », à base de contraintes diverses, de stress physiques et psychologiques, de surmenage scolaire, domestique ou professionnel.

La fatigue musculaire représente le premier stade de cette fatigue mode de vie. Pour la combattre l'utilisation d'un fortifiant, d'un tonifiant, d'un stimulant physique sera utile et salutaire.

La fatigue physique se manifeste surtout le soir. Elle ne s'accompagne pas de découragement ou d'idées noires. Elle est améliorée par le repos et le sommeil. L'appétit est conservé. Les douleurs sont rares, elles se limitent à des manifestations musculaires, crampes ou courbatures.

Le sommeil, s'il est suffisant, n'est pas perturbé. L'état nerveux reste équilibré, l'humeur égale et les facultés intellectuelles ne sont pas modifiées.

Nous avons sélectionné 121 médicaments dont le point d'impact est presque exclusivement la fatigue physique, bien que certains d'entre eux soient également utilisables comme stimulants sexuels.

Selon qu'il s'agisse de vitamines, de sels minéraux, de reconstituants ou d'hormones anabolisantes, ils vous aideront à récupérer plus rapidement, à soutenir des efforts importants, à lutter contre l'épuisement, à développer votre force ou votre musculature.

Ils vous permettront d'augmenter vos possibilités physiques, d'aller plus vite, plus loin et plus longtemps.

Activarol (vente libre)
* A.D.N. Biostabilex (vente libre)
A.D.N. Mayoly-Spindler (vente libre)
Alvityl (vente libre)
Aminox (vente libre)
* Anador (tableau C)
* Andractim (tableau C)
* Androtardyl (tableau C)
** Anthastène (vente libre)
* Anthastène glutamique vitamine C (vente libre)
Apisérum (vente libre)
*** Arcalion 100 (vente libre)
Arginine Veyron (vente libre)
Arginine glutamique Sobio (vente libre)
Arginotri-B (vente libre)
Ascofer (vente libre)

* Aspirine UPSA Vitamine C (vente libre)
Azédavit (vente libre)

Bicarnésine (vente libre)

* Ca C 1000 Sandoz (vente libre)
* Calgluquine (vente libre)
* Capsules Pharmaton (vente libre)
* Carencyl (vente libre)
* Cobanzyme (vente libre ou tableau C formes injectables)
* Cortine naturelle (vente libre)

* Déca-Durabolin 50 (tableau C)
* Dopram (tableau A)
Ducton (vente libre)
Dynabolon (tableau C)

63

* Effortil (vente libre)
* Efical (vente libre)
  Ergadyl (vente libre)
  Erythroton (vente libre)

  Fénugrène (vente libre)
  Fer C B12 (vente libre)
* F.E.V. 300 (vente libre)
  Flatistine (vente libre)
* Foslymar (vente libre)
  Frubiose 500 « Vitamine C » (vente libre)

* Gamma 16 (vente libre)
  Gélystène (vente libre)
  Gériastène (vente libre)
  Gévral (vente libre)
  Globisine (vente libre)
  Glosso-Stérandryl 25 mg (tableau C)
* Gonadotrophine Chorionique « Endo » (vente libre)

* Halotestin (tableau C)
  Héliofer (vente libre)
  Hématon (vente libre)
  Hémédonine (vente libre)
  Hémoglobine Deschiens (vente libre)
  Hémoglobine Vit. B12 Deschiens (vente libre)
  Héraclène (tableau C)
* Hydrosol Polyvitaminé B.O.N. (vente libre)

* Indusil T (tableau C)
* Indusil T Injectable (tableau C)

Kaléorid Léo (vente libre)
Kaliénor (vente libre)

Laroscorbine (vente libre)
Leuco-4 (vente libre)
Lévocarnil 100 mg (vente libre)
Lévothyrox 50 et 100 microg (tableau C)
Liveroïl (vente libre)
Lontanyl 250 mg (tableau C)
Lysine Vitaminé B12 (vente libre)
Lysivit B12 (vente libre)

* Myoviton (vente libre)

* Narbalek (vente libre)
  Nati K (vente libre)
  Nergitone (vente libre)
  Neurosthénol (vente libre)
  Névrosthénine Glycocolle (vente libre)
* Novocortex (vente libre)
  Nuclévit B12 (vente libre)
  Nutrigène (vente libre)

Oligocure (vente libre)
Oligosol Cuivre Or Argent (vente libre)
Opocalcium (vente libre)
Opocalcium vitaminé D (vente libre)
Ostéine C 500 et C 150 (vente libre)

* Parabolan (tableau C)
* Pargine (vente libre)
  Pastilles Jessel (vente libre)
  Périactine (vente libre)
  Phoscléine (vente libre)
  Phosma Glutamique (vente libre)
  Phosma-Hématoporphyrine (vente libre)
  Plébé (vente libre)
  Plurifactor (vente libre)
  Polytonyl (vente libre)
  Polyvitamines et Oligo-éléments Lederlé (vente libre)
* Praxinor (tableau C)
  Préortan (vente libre)
  Pyridoscorbine (vente libre)

  Réxorubia (vente libre)

* Sargénor (vente libre)
  Solu-camphre (vente libre)
* Staporos (tableau C)
  Stimol (vente libre)
  Stimutonyl (vente libre)
* Striadyne injectable intramusculaire (vente libre)

* Striadyne Forte (vente libre)
  Surélen adulte (vente libre)
  Surélen enfant (vente libre)
  Surfortan (vente libre)
  Survitine (vente libre)

  Tardyféron (vente libre)
* Testostérone Retard Théramex (tableau C)
  Heptylate de Testostérone Théramex (tableau C)
  Tocomine (vente libre)
  Tonicalcium (vente libre)
  Tonitensyl (vente libre)
  Totalbé (vente libre)
  Tot'Héma (vente libre)
  Transfusine (vente libre)
* Trophicardyl (vente libre)
  Trophysan (vente libre)

* Utéplex (vente libre)
  Uvéstérol (vente libre)
  Uvit B (vente libre)

  Vitadone (tableau C)
  Vitathion à l'A.T.P. (vente libre)
* Vivamyne (vente libre)

# « Dopants » cérébraux
# et psychostimulants

La fatigue « mode de vie » se limite rarement au seul épuisement physique, lié à l'accumulation des activités de la journée. Elle évolue rapidement vers une fatigue nerveuse, nommée asthénie fonctionnelle ou psychasthénie.

A la différence de la fatigue musculaire ou physiologique (« normale »), la psychasthénie se manifeste surtout le matin et associe un manque de forme physique et intellectuel. Les épisodes de fatigue intense, les « coups de pompe » brutaux sont également souvent signalés.

Cette fatigue du matin est habituellement accompagnée de troubles du sommeil; insomnies, difficultés d'endormissement ou réveils précoces avec impossibilité de se rendormir.

Le repos, quand il est possible, calme peu la psychasthénie et parfois l'aggrave.

Des symptômes généraux accompagnent cet état de fatigue chronique, ils témoignent à la fois de l'hyper-excitabilité neuromusculaire et de la baisse de l'élan vital par épuisement de vos batteries. Les plus fréquents sont des douleurs diffuses, des maux de tête et migraines, des sensations vertigineuses, des bourdonnements d'oreille, des fourmillements des extrémités. Les troubles digestifs sont habituels, à type d'aérophagie, de ballonnement abdominal, de colite spasmodique, de diarrhée ou de constipation. Les perturbations de l'appétit provoquent prise de poids ou amaigrissement.

L'anxiété est constante, la nervosité, l'instabilité, l'irritabilité complètent souvent le tableau de la psychasthénie.

Les manifestations psychiques et intellectuelles sont les plus gênantes : pertes et trous de mémoire, confusions de langage, difficultés de concentration, pertes de l'efficacité du raisonnement, tristesse, idées noires, apathie ou agressivité.

Ces états, bien connus de ceux qui en souffrent, peuvent être à la limite du pathologique et frôler la dépression nerveuse. Mais il ne s'agit pas de dépression, au sens médical du terme, mais bien de la réaction d'abandon d'un individu soumis trop longtemps à trop de tensions contraignantes.

Ce ne sont pas les médicaments destinés à lutter contre l'anxiété et l'angoisse qui pourront vous rétablir et vous dynamiser si vous êtes concernés par un tel état de fatigue. Les anxiolytiques servent, au mieux, à masquer les choses et à les rendre supportables. La seule attitude positive consiste à réduire l'hyperexcitabilité neuromusculaire en rééquilibrant le métabolisme de l'organisme, tout en stimulant le psychisme, en rechargeant vos réserves d'énergie mentale grâce à un psycho-stimulant efficace.

Parmi les 180 médicaments choisis dans cette seconde liste, vous trouverez les traitements ioniques et vitaminiques destinés à rétablir le fonctionnement optimum de votre corps, mais également les « dopants » utiles pour vaincre la morosité et retrouver votre humeur optimiste.

Combattre la psychasthénie ne représente pas la seule circonstance où la prise d'un stimulant cérébral peut être bénéfique ou indispensable. Si vous devez fournir un travail intellectuel important et soutenu, que ce soit pour réussir un concours, établir un rapport, vous livrer à la création artistique ou littéraire, il vous faut à la fois juguler la fatigue physique et augmenter vos capacités d'association, de concentration et de mémorisation. L'usage d'un psychostimulant vous permet de ne pas baisser les bras devant une tâche qui pourrait vous sembler au-dessus de vos moyens et, surtout, vous procure l'agilité d'esprit et le dynamisme nécessaires à votre succès.

Les psychostimulants et parmi eux les oxygéna-teurs des cellules nerveuses servent également à combattre les effets du vieillissement cérébral. L'involution des fonctions intellectuelles n'est pas une fatalité de l'âge ou du grand âge. Dès la cinquantaine l'apparition progressive d'une baisse des performances mentales ou d'une tendance à la somnolence doit donner l'alarme. En l'absence de pathologie spécifique, l'utilisation régulière de toniques cérébraux vous aidera à garder un esprit jeune et une pensée claire.

Acdril (vente libre)
* Actébral (tableau C)
Actiphos (vente libre)
Actitonic adultes (vente libre)
Actitonic infantile (vente libre)
Activarol C 100 et C 500 (vente libre)
Adéna C 500 mg (vente libre)
* Anorex (tableau A)
* Antigrippine Midy (vente libre)
*** Arcalion 200 (vente libre)
* Argyrophédrine (tableau C)
* Arhumyl (tableau C)
* Arpha (tableau C)
Asphogan (vente libre)
* Astyl (tableau C)
Atépadène (vente libre)
* Aturgyl (tableau C)
* Auxergyl D3 (tableau C)

Betnésol (tableau A)
* Bétrimax (vente libre)
* Bétriphos C (vente libre)

* Bio-Mag (vente libre)
* Bio-Sélénium (vente libre)
** Caféine Aguettant (vente libre)
* Calced (vente libre)
Calcibronat (vente libre)
Calcium Corbière buvable vitaminé Fort C 500 D PP (vente libre)
* Cantor (tableau A)
*** Captagon (tableau B)
* Cardiophylline (vente libre)
** Cariamyl (tableau C)
Céfaline (vente libre)
Célestène (tableau A)
* Céphyl (vente libre)
* Cérébrol (vente libre)
Cervilane (tableau C)
** Cervoxan (tableau C)
* Cétoglutaran (vente libre)
* Chilral (tableau C)
* Clédial (tableau C)
* Clérégil (vente libre)
* Cogitum (vente libre)
* Coramine (vente libre)

Corophylline (tableau C)
Cortancyl (tableau A)
* Débrumyl (vente libre)
** Dédrogyl (tableau C)
Delbiase (vente libre)
* Di-Actane 200 mg (tableau C)
Di-Hydan (vente libre)
* Dinintel (tableau A)
* Dulcion 4,5 mg (tableau C)
Duxil (tableau C)
* Dynamag (vente libre)
* Dynerval H.P. (vente libre)
* Désintex-Pentazol (vente libre)
* Dicertan (tableau A)

* Encéphabol (vente libre)
Ephydion (tableau A)
Ergokod (vente libre)
Eupnéron Xanthique (tableau C)

* Fenproporex Retard Bottu (tableau A)
* Frubiose calcique Forte (vente libre)

Génoscopolamine (tableau A)
Géro (tableau C)
Gévatran 200 (tableau C)
Ginseng Alpha 500 mg (vente libre)

Ginseng Arik (vente libre)
Glutadouze (vente libre)
Glutamag Trivit B (vente libre)
Glutamag Vitaminé B1 (vente libre)
Glutaminol B6 (vente libre)
Guronsan (vente libre)
* Gynodian (tableau C)
* Gabacet (tableau C)

** Hept-A-Myl (vente libre)
Homéosthénine (vente libre)
* Hordénol (vente libre)
Hydergyne (tableau C)
Hydrocortisone Roussel (tableau A)
Hydrosarpan 711 (tableau A)

Inophyline (vente libre)
* Inophyline Papavérique (tableau A)
Ionimag (vente libre)
Ionyl (vente libre)
Iskédyl (tableau C)
Isoméride (tableau A)

Kola Astier (vente libre)

Lobatox (vente libre)
* Lucidril 250 (vente libre)
* Lucidril 1000 (vente libre)

* Mag 2 (vente libre)
* Magné B6 (vente libre)
Magnéso-Tubes Robinet (vente libre)
Magnéspasmyl 50 (vente libre)
Magnogène (vente libre)
Marinol (vente libre)
* Mégamag (vente libre)
Mégasthényl (vente libre)
** Micorène (vente libre)
* Modératan (tableau A)

* Naftilux 200 (tableau C)
* Néosynéphrine Badrial (vente libre)
Nicicalcium (vente libre)
Nicoret 2 mg (tableau A)
* Nootropyl (tableau C)
Novitan (vente libre)
Novodil (vente libre)

* Œstrogel (tableau C)
** Olmifon (tableau C)
Optamine (tableau C)
** Ordinator (tableau A)
Oxadilène (tableau A)
Oxovinca (tableau C)

* Panclar (vente libre)
Percutaféine (vente libre)
Pérénan (tableau C)
Pervincamine (tableau C)

* Pervincamine Forte Retard (tableau C)
* Phosarome (vente libre)
Phosphovéol (vente libre)
* Phospartan (vente libre)
Phosphoneurol (vente libre)
Phosphore Sandoz « Forte » (vente libre)
* Placentafil (vente libre)
Plasmarine (vente libre)
* Pondinil Roche (tableau A)
* Praxilène (tableau C)
* Préfamone (tableau A)
* Procaïne Biostabilex (tableau C)
** Progéril (tableau A)
* Progéril Retard (tableau A)
* Promotil (tableau C)

* Revitalose C 1000 (vente libre)
Rutovincine (tableau C)

* Sédo-Caréna (vente libre)
Ségolan (tableau C)
Sermion et Sermion Lyoc (tableau C)
* Sermion injectable (tableau C)
Simactil 4,5 mg (tableau C)
Solumag (vente libre)

74

Solurutine Papavérine F Retard (tableau A)
Spasmag (vente libre)
Spécyton cerveau moelle (vente libre)
Stérogyl (vente libre)
* Stérogyl 15 H et A (tableau C)
* Stivane (vente libre)
* Stopasthme (vente libre)
* Sureptil (tableau C)
Surhème (tableau C)
Synactène (tableau A)

Tanakan (vente libre)
* Ténuate Dospan (tableau A)
* Théostat 100 mg et 300 mg (vente libre)
** Tonédron (tableau B)
Tonibral (vente libre)
Tonique Végétal (vente libre)
Tonuvital (vente libre)
Torental (tableau C)
Total Magnésien (vente libre)
Triogène For (vente libre)
Tripervan (tableau C)

* Trivastal et Trivastal 50 Retard (tableau C)

Vadilex 20 (tableau C)
Vasculogène (tableau C)
Vasculogène Fort (tableau C)
* Vasobral (tableau C)
Vasocalm (tableau A)
Vastarel 20 mg (vente libre)
* Vigilor (vente libre)
Vinca 10 comprimés (tableau C)
Vinca 10 injectable (tableau C)
Vinca 30 Retard (tableau C)
Vincafor Retard 30 mg (tableau C)
Vincarutine (tableau C)
Vitamines B1, B6, B12 Roche (vente libre)
Vitamine C 1000 Inava (vente libre)
Vitamine C effervescente 1G Oberlin (vente libre)

Yse (vente libre)
Yse glutamique (vente libre)

Certains de ces médicaments possédant des effets mixtes constituent également des « dopants » physiques et musculaires.

« Dopants »
stabilisateurs émotionnels
ou « antitrac »

Bien rares sont les individus qui ne connaissent jamais le trac, cette véritable perte de tous nos moyens qui nous saisit dans des circonstances de la vie ressenties comme extraordinaires.

Le front se couvre de sueur, les mains deviennent moites, la gorge se noue, le cœur s'accélère, un voile noir descend devant les yeux. On bafouille, on ne trouve plus ses mots, on ne peut mettre deux idées à la suite, on ne peut avancer, on ne peut parler, on ne peut répondre, on oublie tout, on panique et l'on finit par fuir.

Ces manifestations familières, plus ou moins intenses, se reproduisent souvent, même chez ceux qui ne veulent pas le reconnaître ou qui le nient.

Qu'il s'agisse de prendre l'avion, de parcourir des rues sombres, de répondre à un examinateur, de se rendre à un entretien en vue d'une embauche, de déclamer une tirade, de prononcer un discours, de draguer une jolie fille ou d'adresser la parole à un inconnu sympathique, nous avons tous connu des circonstances où il nous aurait été utile d'être moins émotif.

Et pourtant ce trac qui vous paralyse est différent de la peur, il n'est pas raisonné, il est difficilement maîtrisable, il ne s'accompagne pas d'ignorance et ne correspond même pas à des phobies psychologiques. Les symptômes du trac sont causés par la production inconsciente et brutale de décharges d'adrénaline. Alors que la stabilité émotionnelle résulte de l'équilibre entre un système accélérateur (le sympathique) et un système freinateur (le para-sympathique), l'adrénaline produite en excès fait basculer le système dans l'instabilité.

Les bêta-bloquants servent à retrouver la stabilité émotionnelle en bloquant la production des décharges d'adrénaline. Ils permettent d'utiliser au mieux nos possibilités physiques et intellectuelles. Ils ne développent pas ce qui existe mais aident toutes vos potentialités à s'exprimer.

A la différence des tranquillisants, ils laissent l'esprit clair et n'affectent pas le niveau de vigilance.

Il existe de nombreux médicaments bêta-bloquants, utilisés en particulier pour le traitement de l'hypertension artérielle; nous avons choisi, ci-dessous, ceux dont les propriétés antitrac sont les plus nettes et dont l'emploi offre le plus de sécurité.

Aptine (tableau A)
* Aptine Durule
(tableau A)
** Avlocardyl (tableau A)
** Avlocardyl Retard
(tableau A)

* Bêtapressine (tableau A)
Corgard (tableau A)
* Sectral 200 (tableau A)
Ténormine (tableau A)

« Dopants » sexuels
et
stimulants de la libido

L'amélioration des performances amoureuses a toujours été une préoccupation majeure des hommes, mais aussi des femmes. Elle va souvent de pair avec la stimulation du désir et des appétits sexuels.

Dans ce domaine il n'existe pas de norme établie et le *Livre des Records* ne fait mention d'aucune prouesse particulièrement éblouissante; mais chacun sait ce qu'il vit et ce qu'il souhaite intimement, et peut ressentir le besoin de développer sa libido. Chacun et chacune peut refuser de se satisfaire de rapports sexuels fades et bâclés, effectués à la va-vite, par des partenaires soumis aux servitudes du rythme « métro-boulot-dodo ».

Bien entendu on peut gloser à perte de vue sur le rôle de la fatigue qui serait responsable de l'absence de désir ou sur celui d'une réelle absence de désir engendrée par la monotonie et les habitudes, pas seulement conjugales.

Ces discours ne sont que des cache-misère et

servent à excuser une vie amoureuse peu exaltante. Les symptômes de la baisse de la libido, plus apparents et plus mesurables chez les hommes, se traduisent par une atténuation du vécu du plaisir, des difficultés d'érection, brèves et insuffisantes, pouvant aller jusqu'à l'impuissance, des éjaculations précoces, des difficultés à atteindre l'orgasme et par un allongement de la période réfractaire (période après l'orgasme où une nouvelle érection est impossible).

Chez les femmes, le vécu du plaisir sera également diminué ou absent, parvenir à l'orgasme sera laborieux ou exclu. Un manque de lubrification vaginale sera responsable de douleurs, de contractures et finalement de rejet du partenaire en alléguant n'importe quel prétexte.

Les stimulants sexuels vous aideront à retrouver une vie amoureuse satisfaisante mais ils peuvent aussi vous servir à augmenter vos possibilités, même si elles sont déjà convenables et vous transformer en partenaire de choix.

* Anador (hommes) (tableau C)
* Andractim (hommes) (tableau C)
* Arpha (femmes et hommes) (tableau C)
* Androtardyl (hommes) (tableau C)
* Arhumyl (hommes) (tableau C)
* Argyrophédrine (hommes et femmes) (tableau C)
* Aturgyl (hommes et femmes) (tableau C)
** Albatran (hommes) (tableau A)

* Cantor (femmes et hommes) (tableau A)
Colpormon (femmes) (vente libre)
* Duvadilan (hommes) (vente libre)
* Dicertan (hommes) (tableau A)

Fénugrène (hommes) (vente libre)

Ginseng Alpha 500 mg (hommes) (vente libre)
Ginseng Arik (hommes) (vente libre)
Glosso-Stérandryl (hommes) (tableau C)
* Gonadotrophine Chorionique « Endo » (femmes et hommes) (vente libre)
* Halotestin (hommes) (tableau C)

* Inophyline papavérique (hommes) (tableau A)

* Kola Astier (hommes) (vente libre)

* Lénitral Percutané (hommes) (tableau C)
Lontanyl 250 mg (hommes) (tableau C)

* Œstrogel (femmes) (tableau C)

* Parabolan (hommes) (tableau C)
* Parlodel (femmes et hommes) (tableau A)
* Phosarome (hommes) (vente libre)
Phosma Glutamique (hommes) (vente libre)
* Placentafil (hommes) (vente libre)
* Procaïne Biostabilex (hommes) (tableau C)
** Progéril (hommes) (tableau A)

* Sermion injectable (hommes) (tableau C)

* Ténuate Dospan (hommes) (tableau A)
* Testostérone Retard Théramex (hommes) (tableau C)
Heptylate de testostérone Théramex (hommes) (tableau C)
** Tonédron (femmes et hommes) (tableau B)

* Vasobral (hommes) (tableau C)

* Yohimbine Houdé (hommes) (vente libre)
Yse (hommes) (vente libre)
Yse Glutamique (hommes) (vente libre)

Les étoiles des « dopants »

Il ne s'agit pas là d'un jugement absolu, mais d'un choix des auteurs orienté en fonction des résultats obtenus par un produit donné, dans sa catégorie.

Il est bien entendu illusoire de vouloir comparer les effets de deux substances de classes différentes.

Par exemple un médicament très efficace parmi les stimulants légers peut se voir attribuer une ou deux étoiles, alors qu'il sera beaucoup moins immédiatement suivi d'effets positifs qu'un produit plus énergique, mais moins anodin qui, lui, n'a reçu qu'une étoile, ou pas du tout...

### * Dopants une étoile : UTILES

* Actébral, dopant cérébral
* Acti 5, dopant cérébral et musculaire
* A.D.N. Biostabilex, dopant musculaire

* Anador, dopant musculaire et sexuel masculin
* Andractim, dopant musculaire et sexuel masculin
* Anorex, dopant cérébral
* Anthastène Glutamique Vitamine C et musculaire
* Antigrippine Midy, dopant musculaire et cérébral
* Arpha, dopant cérébral, dopant sexuel féminin et masculin
* Aptine Durule, dopant antitrac
* Arhumyl, dopant cérébral, dopant sexuel masculin
* Androtardyl, dopant cérébral et musculaire, dopant sexuel masculin
* Argynophédrine, dopant cérébral, dopant sexuel féminin et masculin
* Aspirine UPSA Vitaminée C, dopant musculaire
* Aturgyl, dopant cérébral, dopant sexuel féminin et masculin
* Auxergyl D3, dopant musculaire, dopant cérébral
* Astyl, dopant cérébral et musculaire

* Bêtapressine, dopant antitrac
* Betrimax, dopant cérébral
* Betriphos C, dopant musculaire et cérébral
* Bio-Mag, dopant musculaire et cérébral
* Bio-Sélénium, dopant musculaire et cérébral

* Ca C 1000 Sandoz, dopant musculaire
* Calced, dopant musculaire et cérébral
* Calgluquine, dopant musculaire
* Cantor, dopant cérébral, dopant sexuel féminin et masculin
* Capsules Pharmaton, dopant musculaire
* Cardiophylline, dopant musculaire et cérébral
* Carencyl, dopant musculaire
* Céphyl, dopant cérébral
* Cérébrol, dopant cérébral
* Cétoglutaran, dopant cérébral
* Chilral, dopant musculaire et cérébral
* Clédial, dopant cérébral

* Clérégil, dopant cérébral
* Cobanzyme, dopant musculaire
* Cogitum, dopant cérébral
* Coramine, dopant cérébral
* Cortine Naturelle, dopant musculaire

* Débrumyl, dopant cérébral
* Déca-Durabolin 50, dopant musculaire
* Di-Actane 200 mg, dopant cérébral
* Dinintel, dopant cérébral
* Dopram, dopant musculaire
* Dulcion 4,5 mg, dopant cérébral
* Duvadilan, dopant sexuel masculin
* Dynamag, dopant cérébral et musculaire
* Dynerval H.P., dopant musculaire et cérébral
* Desintex-Pentazol, dopant cérébral
* Dicertan, dopant cérébral et sexuel masculin

* Effortil, dopant musculaire
* Efical, dopant musculaire
* Encéphabol, dopant cérébral

* Fenproporex Retard Bottu, dopant cérébral
* F.E.V. 300, dopant musculaire
* Foslymar, dopant musculaire
* Frubiose Calcique Forte, dopant musculaire et cérébral

* Gamma 16, dopant musculaire
* Géro, dopant musculaire et cérébral
* Gonadotrophine Chorionique Endo, dopant musculaire et sexuel féminin et masculin
* Gynodian, dopant cérébral
* Gabacet, dopant cérébral

* Halotestin, dopant musculaire et sexuel masculin
* Hordénol, dopant cérébral
* Hydrosol Polyvitaminé B.O.N., dopant musculaire

* Indusil T, dopant musculaire
* Indusil T injectable, dopant musculaire

* Inophyline Papavérique, dopant cérébral et sexuel masculin

* Kola Astier, dopant cérébral et musculaire, sexuel masculin

* Lénitral Percutané, dopant sexuel masculin
* Lucidril 250, dopant cérébral
* Lucidril 1000, dopant cérébral

* Mag 2, dopant cérébral et musculaire
* Magné B6, dopant cérébral et musculaire
* Mégamag, dopant cérébral et musculaire
* Modératan, dopant cérébral
* Myoviton, dopant musculaire

* Naftilux 200, dopant cérébral
* Narbalek, dopant musculaire
* Néosynéphrine Badrial, dopant musculaire et cérébral
* Nootropyl, dopant cérébral
* Novocortex, dopant musculaire

* Œstrogel, dopant musculaire et cérébral, sexuel féminin

* Panclar, dopant cérébral
* Parabolan, dopant musculaire et sexuel masculin
* Pargine, dopant musculaire
* Parlodel, dopant sexuel féminin et masculin
* Pervincamine Forte Retard, dopant cérébral
* Phosarome, dopant musculaire et cérébral, sexuel masculin
* Phospartan, dopant musculaire et cérébral
* Placentafil, dopant musculaire et cérébral, sexuel masculin
* Pondinil Roche, dopant cérébral
* Praxilène, dopant cérébral
* Praxinor, dopant musculaire
* Préfamone, dopant cérébral
* Procaïne Biostabilex, dopant musculaire et cérébral, sexuel masculin
* Progéril Retard, dopant cérébral
* Promotil, dopant cérébral

* Revitalose C 1000, dopant musculaire et cérébral

* Sargénor, dopant musculaire
* Sectral 200, dopant antitrac
* Sédo-Caréna, dopant cérébral
* Sermion injectable, dopant cérébral et sexuel masculin
* Simactil 4,5 mg, dopant cérébral
* Staporos, dopant musculaire
* Stérogyl 15 H et A, dopant musculaire et cérébral
* Stivane, dopant cérébral
* Stopasthme, dopant cérébral
* Striadyne injectable, dopant musculaire
* Striadyne Forte, dopant musculaire
* Sureptil, dopant cérébral

* Ténuate Dospan, dopant cérébral et sexuel masculin
* Testostérone Retard Théramex, dopant musculaire et sexuel masculin
* Théostat, dopant cérébral
* Trivastal et Trivastal 50 Retard, dopant cérébral
* Trophicardyl, dopant musculaire

* Uteplex, dopant musculaire

* Vasobral, dopant cérébral et sexuel masculin
* Vigilor, dopant cérébral.
* Vivamyne, dopant musculaire

* Yohimbine Houdé, dopant sexuel masculin


## ** Dopants deux étoiles : REMARQUABLES

** Antasthène, dopant musculaire
** Avlocardyl, dopant antitrac
** Avlocardyl Retard, dopant antitrac
** Albatran, dopant cérébral et sexuel masculin

** Cariamyl, dopant musculaire et cérébral
** Cervoxan, dopant cérébral

** Dédrogyl, dopant musculaire et cérébral

** Hept-A-Myl, dopant musculaire et cérébral

** Micorène, dopant musculaire et cérébral

** Olmifon, dopant cérébral
** Ordinator, dopant cérébral

** Progéril, dopant cérébral et sexuel masculin

** Tonédron, dopant cérébral

### *** Dopants trois étoiles : EXCEPTIONNELS

*** Arcalion 100, dopant musculaire
*** Arcalion 200, dopant musculaire et cérébral

*** Captagon, dopant cérébral

# Répertoire
# des médicaments « dopants »

Pour chacun des médicaments existants, sont précisées les règles de prescription médicale (vente libre, tableau A, B ou C), les interdictions aux enfants, femmes enceintes et sportifs, la toxicité éventuelle, les doses et durées de traitement permettant un résultat positif sans risque prohibitif.

La sphère d'action privilégiée est indiquée pour chacun des produits, qu'il s'agisse d'un tonifiant physique, d'un psychostimulant, d'un tonifiant de la sexualité féminine ou masculine ou encore d'un médicament antitrac.

Notre appréciation de l'efficacité réelle de chaque médicament est exprimée sous forme d'étoiles (*) :

Pas d'étoile : produit disponible

  \* : produit utile

 \*\* : produit remarquable

\*\*\* : produit exceptionnel

Nous n'avons pas jugé indispensable de faire figurer les prix des médicaments, souvent modiques, ni les modalités de remboursement par la Sécurité sociale dans la mesure où l'utilisation d'un stimulant est dictée par un besoin réel et non par la recherche d'un éventuel rapport qualité/prix.

**ACDRIL** « *acétylasparginate d'arginine* »

*En vente libre. Prise matinale.*
*2 à 4 sachets par jour, pendant 10 à 60 jours.*
**Dopant musculaire et cérébral**

Un apport massif d'acides aminés pour stimuler la synthèse des protéines au niveau musculaire et cérébral.

**\* ACTÉBRAL** « *cyprodénate* »

*Avec ordonnance, tableau C. Interdit aux enfants. Abus dangereux.*
*4 à 6 comprimés par jour pendant 30 à 60 jours.*
**Dopant cérébral**

Précurseur du déanol, ce produit possède des propriétés psychostimulantes nettes grâce à l'accroissement de la consommation cérébrale en oxygène et en glucose. Utile pour lutter contre le surmenage nerveux ou avant de se livrer à un travail cérébral difficile.

**ACTI 5** ampoules buvables « *déanol, magnésium, vitamine C* »

*En vente libre. Interdit aux enfants.*
*3 à 4 ampoules par jour pendant 20 à 60 jours.*
**Dopant cérébral**

Toujours le déanol, psychostimulant, complété ici par du magnésium pour équilibrer les cellules nerveuses et de la vitamine C pour son apport énergétique.

\* **ACTI 5** sirop « *déanol, acide phosphorique, calcium* »

*En vente libre.*
*2 à 8 cuillères à café par jour pendant 30 à 60 jours.*
**Dopant cérébral et musculaire**

Proche du précédent mais réservé aux enfants; le déanol stimule les fonctions cérébrales, calcium et phosphore aident à la maturation osseuse et favorisent la croissance.

**ACTIPHOS** « *sels minéraux* »

*En vente libre.*
*2 à 4 ampoules par jour pendant 10 à 30 jours.*
**Dopant cérébral**

De nombreux minéraux, phosphore, lithium, calcium, magnésium, manganèse, sodium, fer, qui intervenant dans le métabolisme cérébral contribuent à favoriser l'idéation et la mémoire.

## ACTITONIC adultes « *acides aminés, sels minéraux* »

*En vente libre. Interdit aux enfants.*
*2 à 4 ampoules par jour pendant 20 à 60 jours.*
**Dopant cérébral**

L'apport extérieur d'acides aminés, de calcium et de phosphore aide à lutter contre la fatigue.

## ACTITONIC infantile « *acides aminés* »

*En vente libre.*
*1 à 3 ampoules par jour pendant 20 à 60 jours.*
**Dopant cérébral et musculaire**

Une formule réservée aux enfants, supprimant les sels minéraux. Aide la croissance musculaire et les fonctions cérébrales.

## ACTIVAROL « *hématoporphyrine, extraits de foie* »

*En vente libre.*
*2 à 4 ampoules par jour pendant 20 à 40 jours.*
**Dopant musculaire**

Un défatigant déjà ancien (existe depuis 1941) destiné à lutter contre les carences résultant des privations de la Seconde Guerre, mais toujours utilisé avec profit, en cas de passages à vide.

**ACTIVAROL C 100 et C 500** « *hématoporphyrine, extraits de foie, vitamine C* »

*En vente libre. Éviter de prendre le soir.*
*1 à 4 ampoules par jour pendant 20 à 40 jours.*
**Dopant musculaire et cérébral**

Semblable au précédent mais modernisé par l'adjonction de vitamine C aux vertus énergétiques (100 mg pour les enfants, 500 mg pour les adultes).

**ADENA C 500 mg** « *A.D.N. vitamine C* »

*En vente libre. Éviter de prendre le soir.*
*2 à 3 comprimés blancs et roses par jour pendant 10 à 30 jours.*
**Dopant musculaire et cérébral**

L'association d'acides nucléiques et de vitamine C possède des propriétés hautement énergétiques et stimulantes.

**\* A.D.N. BIOSTABILEX** « *A.D.N.* »

*En vente libre.*
*2 à 6 comprimés ou 1 à 2 injections I.M. par jour pendant 10 à 30 jours.*
**Dopant musculaire**

L'acide désoxyribonucléique, constituant de base des cellules, stimule la synthèse des protéines lorsqu'il est apporté, comme c'est ici le cas, de façon massive et rapidement assimilable.

Utile pour se faire des muscles, accélérer la consolidation des fractures. Régénère les globules blancs, ce qui renforce les défenses de l'organisme et aide à surmonter des défaillances passagères.

### A.D.N. MAYOLY-SPINDLER «*A.D.N.* »

*En vente libre.*
*2 à 6 comprimés par jour pendant 10 à 30 jours.*
**Dopant musculaire**

Semblable au précédent mais commercialisé par un laboratoire différent. Il n'existe pas sous forme injectable.

### ** ALBATRAN «*codécarboxylate de papavérine* »

*Avec ordonnance, tableau A. Interdit aux enfants. Interdit aux femmes enceintes. Abus dangereux.*
*4 à 6 comprimés par jour pendant 10 à 60 jours.*
**Dopant cérébral et sexuel masculin**

La papavérine augmente le débit sanguin cérébral et la consommation d'oxygène, stimulant ainsi l'attention et la mémoire. Elle dilate également les artères périphériques, provoquant un afflux sanguin. Par exemple au niveau de la verge, la prise de papavérine augmente l'érection, la rendant plus ferme et plus durable.

## ALVITYL « *polyvitamines* »

*En vente libre. Interdit aux femmes enceintes.*
*1 à 2 comprimés par jour pendant 15 à 45 jours.*
**Dopant musculaire**

Une association équilibrée de vitamines pour augmenter la résistance et stimuler l'organisme.

## AMINOX « *acides aminés, vitamines C et B6, carnitine* »

*En vente libre.*
*1 à 4 ampoules par jour pendant 20 à 60 jours.*
**Dopant musculaire**

Un remontant original car il contient de la carnitine qui stimule l'élaboration du tissu musculaire.

## * ANADOR « *nandrolone* »

*Avec ordonnance, tableau C. Interdit aux enfants. Interdit aux femmes enceintes. Interdit aux sportifs en compétition. Abus dangereux.*
*1 à 3 ampoules (ou injection I.M.) par semaine, 15 à 30 jours.*
**Dopant musculaire**

Hormone mâle de synthèse, ses propriétés anabolisantes permettent de stimuler le développement des muscles et de lutter contre la fatigue. Augmente nettement la libido masculine.

# * ANDRACTIM « *androstanolone* »

*Avec ordonnance, tableau C. Interdit aux enfants. Interdit aux femmes enceintes. Interdit aux sportifs en compétition. Abus dangereux.*
*2 applications externes par jour pendant 30 à 60 jours.*
**Dopant musculaire et sexuel masculin**

Une hormone mâle à appliquer en frictions tous les jours sur l'abdomen ou le thorax, ce qui réalise une imprégnation androgénique qui lutte contre l'épuisement, aide à se faire les muscles et accroît les possibilités sexuelles.

# * ANDROTARDYL « *testostérone* »

*Avec ordonnance, tableau C. Interdit aux enfants. Interdit aux femmes enceintes. Interdit aux sportifs en compétition. Abus dangereux.*
*4 injections I.M. par jour pendant 1 à 15 jours.*
**Dopant musculaire et sexuel masculin**

4 piqûres d'hormone mâle pour se faire les muscles.

# * ANOREX « *amphépramone* »

*Avec ordonnance, tableau A. Interdit aux enfants. Interdit aux femmes enceintes. Interdit aux sportifs en compétition. Abus dangereux. Prise matinale.*
*2 à 3 comprimés par jour pendant 30 à 60 jours.*
**Dopant cérébral**

Diminue l'appétit tout en supprimant la sensation de fatigue. Vous serez mince et en forme.

## ** ANTASTHÈNE « sels minéraux, extraits de substance cérébrale et de moelle épinière »

*En vente libre. Prise matinale.*
*2 injections I.M. par jour pendant 10 à 20 jours.*
**Dopant musculaire**

Produit tonifiant précieux pour qui a besoin d'un coup de fouet rapide et intense. Ses effets défatigants constants en font un dopant sérieux, d'emploi aisé et sans danger.


## * ANTASTHÈNE GLUTAMIQUE VITAMINE C

« *sels minéraux, extraits de substance cérébrale et de moelle épinière + vit C* »

*En vente libre. Prise matinale.*
*4 ampoules par jour pendant 30 à 60 jours.*
**Dopant musculaire**

Si vous n'aimez pas les piqûres, vous boirez le produit précédent en ampoules; le coup de fouet moins fort, mais la vitamine C en plus.


## * ANTIGRIPPINE MIDY « aspirine, caféine, vitamine C, codéine »

*En vente libre. Interdit aux enfants. Interdit aux femmes enceintes. Interdit aux sportifs en compétition. Abus dangereux. Prise matinale.*
*3 à 8 comprimés par jour pendant 1 à 7 jours.*
**Dopant musculaire et cérébral**

Ancien mais toujours efficace dans sa catégorie, tonifie le cœur, combat la fatigue et les douleurs diverses.

## APISÉRUM « gelée royale »

*En vente libre. Interdit aux enfants. Interdit aux femmes enceintes. Prise matinale.*
*2 ampoules par jour pendant 30 jours.*
**Dopant musculaire**

L'incontournable gelée royale.

## APTINE « alprénolol »

*Avec ordonnance, tableau A. Interdit aux enfants. Interdit aux sportifs en compétition. Abus dangereux.*
*2 à 4 comprimés par jour pendant 1 à 10 jours.*
**Dopant antitrac**

Bêta-bloquant antitrac, peu utilisé.

## * APTINE DURULE « alprénolol »

*Avec ordonnance, tableau A. Interdit aux enfants. Interdit aux sportifs en compétition.*
*2 comprimés par jour pendant 1 à 10 jours.*
**Dopant antitrac**

Plus intéressant que le précédent car son action est progressive pendant la journée.

### \*\*\* ARCALION 100 « *sulbutiamine* »

*En vente libre. Prise matinale.*
*2 à 3 comprimés par jour pendant 30 à 60 jours.*
**Dopant musculaire et cérébral**

Médicament remarquable, autorisé aux enfants, l'arcalion est une molécule originale d'action rapide sur la fatigue et l'épuisement. Amélioration de la résistance et de la coordination motrices, stimulation de la mémorisation. On possède beaucoup d'informations sur ce produit qui a fait l'objet d'expérimentations très sérieuses. Dérivé d'un acide aminé, la thiamine, il se concentre fortement et électivement dans les cellules nerveuses, active le métabolisme cérébral, euphorise l'humeur et facilite l'apprentissage. C'est véritablement manger du lion sans risques.

### \*\*\* ARCALION 200 « *sulbutiamine* »

*En vente libre. Prise matinale. Interdit aux enfants.*
*2 à 4 comprimés par jour pendant 30 à 60 jours.*
**Dopant musculaire et cérébral**

Une concentration doublée, réservée aux adultes. Possède les mêmes propriétés, mais l'emploi de doses plus fortes permet des effets encore plus brillants.

C'est un dopant de choix pour un usage courant.

## ARGININE VEYRON « arginine »

*En vente libre. Prise matinale.*
*3 à 6 ampoules par jour pendant 30 à 60 jours.*
**Dopant musculaire**

Un acide aminé pour tonifier un foie paresseux.

## ARGININE GLUTAMIQUE SOBIO « arginine et sorbitol »

*En vente libre.*
*2 ampoules par jour pendant 30 jours.*
**Dopant musculaire**

Deux acides aminés pour tonifier un foie trop paresseux.

## ARGINOTRI-B « arginine + vitamines B1, B6, B12 »

*En vente libre.*
*6 à 8 comprimés par jour pendant 30 à 60 jours.*
**Dopant musculaire**

Stimule en détoxiquant le foie, tout en protégeant les nerfs.

## * ARGYROPHÉDRINE « éphédrine »

*Avec ordonnance, tableau C. Interdit aux enfants. Interdit aux sportifs en compétition. Abus dangereux.*
*5 à 10 aérosols par jour pendant 1 à 7 jours.*

**Dopant cérébral et sexuel masculin et féminin**

Quelques pulvérisations nasales avant d'agir...
et vous n'hésiterez plus.

* **ARHUMYL** « *phényléphédrine, caféine* »

*Avec ordonnance, tableau C. Interdit aux enfants. Interdit
aux femmes enceintes. Interdit aux sportifs en compétition. Abus dangereux.*
*6 comprimés par jour pendant 1 à 7 jours.*
**Dopant cérébral et sexuel masculin**

L'éphédrine dégage le nez, mais aussi facilite
la respiration, atténue la sensation de fatigue,
augmente la confiance en soi, développe la
volonté; la caféine est là pour vous aider à réagir
plus vite.

* **ARPHA** « *éphédrine* »

*Avec ordonnance, tableau C. Interdit aux enfants. Interdit
aux femmes enceintes. Interdit aux sportifs en compétition. Abus dangereux.*
*5 à 10 aérosols par jour pendant 1 à 7 jours.*
**Dopant cérébral et sexuel masculin et féminin**

Dégage le nez, dégage la tête...

**ASCOFER** « *ascorbate ferreux* »

*En vente libre. Abus dangereux.*
*4 à 6 comprimés par jour pendant 60 à 90 jours.*
**Dopant musculaire.**

Si le manque de fer vous fatigue.

112

**ASPHOGAN** « *vitamine C, caféine, quinine, mépyramine* »

*En vente libre. Interdit aux femmes enceintes. Interdit aux sportifs en compétition.*
*2 à 6 comprimés par jour pendant 1 à 7 jours.*
**Dopant musculaire et cérébral**

Tonique et antalgique.

* **ASPIRINE UPSA VITAMINÉE C** « *aspirine, vitamine C* »

*En vente libre. Abus dangereux. Prendre de 8 h à 16 h.*
*2 à 8 comprimés effervescents par jour pendant 1 à 7 jours.*
**Dopant musculaire**

On ne cesse de découvrir de nouvelles vertus à la vieille aspirine! elle défatigue, calme la « gueule de bois », apaise les douleurs, détend les muscles, euphorise, réduit l'anxiété, fluidifie le sang, prévient les infarctus... la vitamine C potentialise ses effets tonifiants. Deux aspirines le matin pour mieux commencer la journée.

* **ASTYL** « *bisorcate de démanol* »

*Avec ordonnance, tableau C. Abus dangereux. Prise matinale.*
*4 comprimés par jour pendant 20 à 60 jours.*
**Dopant cérébral et musculaire**

113

Stimule la mémoire, la coordination et l'humeur. Augmente également la résistance à la fatigue musculaire.

## ATÉPADÈNE « *triphosadénine, acide désoxyribonucléique* »

*En vente libre. Abus dangereux.*
*2 à 6 comprimés par jour pendant 10 à 20 jours.*
**Dopant musculaire et cérébral**

A.T.P. et A.D.N. sont des enzymes qui interviennent dans la synthèse des protéines, qui enrichissent les cellules en augmentant leur rendement tant au niveau musculaire que cérébral.

## * ATURGYL « *fénoxazoline* »

*Avec ordonnance, tableau C. Interdit aux enfants. Interdit aux femmes enceintes. Interdit aux sportifs en compétition. Abus dangereux.*
*5 à 10 aérosols par jour pendant 1 à 7 jours.*
**Dopant cérébral et sexuel masculin et féminin**

Le plus connu des stimulants par voie nasale.

## * AUXERGYL D3 « *rétinol, colécalciférol* »

*Avec ordonnance, tableau C. Abus dangereux.*
*1 ampoule toutes les 2 semaines pendant 6 mois à 1 an.*

**Dopant cérébral et musculaire**

La vitamine A agit sur la croissance et la peau, la vitamine D favorise l'absorption et la fixation du calcium; elles constituent un traitement défatigant de fond.

## ** AVLOCARDYL « *propanolol* »

*Sur ordonnance, tableau A. Interdit aux enfants. Interdit aux femmes enceintes. Interdit aux sportifs en compétition. Abus dangereux.*
*2 à 4 comprimés par jour pendant 1 à 10 jours.*
**Stabilisateur émotionnel**

Ce médicament est le bêta-bloquant le plus utilisé comme antitrac. Habituellement bien supporté, il permet de ne pas paniquer quand on doit passer un examen, prendre l'avion ou donner rendez-vous à la femme de sa vie!

On garde intacts ses moyens intellectuels et sa vigilance. Il n'y a pas de somnolence à craindre; comédiens, politiciens, étudiants l'emploient volontiers avant une représentation ou un oral. Il supprime également les tremblements, c'est pour cette raison qu'on l'utilisait, avant son interdiction, dans certaines disciplines sportives de précision comme le tir, le saut à ski, la Formule 1.

## ** AVLOCARDYL RETARD « propanolol »

*Sur ordonnance, tableau A. Interdit aux enfants. Interdit aux femmes enceintes. Interdit aux sportifs en compétition. Abus dangereux.*
*1 à 2 gélules par jour pendant 1 à 10 jours.*
**Stabilisateur émotionnel**

Même médicament que le précédent, la formule retard, 4 fois plus dosée permet une action répartie sur 24 heures.

## AZÉDAVIT « polyvitamines, oligo-éléments, sels minéraux »

*En vente libre. Prise matinale.*
*1 à 2 comprimés par jour pendant 30 à 60 jours.*
**Dopant musculaire**

Le plus récent des comprimés énergétiques mis sur le marché. Une formule complète et bien équilibrée.

## * BÊTAPRESSINE « lévo-penbutolol »

*Avec ordonnance, tableau A. Interdit aux enfants. Interdit aux femmes enceintes. Interdit aux sportifs en compétition. Abus dangereux.*
*1 comprimé par jour pendant 1 à 3 jours.*
**Dopant antitrac**

Comme tout bêta-bloquant, il supprime le trac, améliore la stabilité émotionnelle, la concentration et la relaxation.

## BÊTNÉSOL « *bêtaméthazone* »

*Avec ordonnance, tableau A. Interdit aux enfants. Interdit aux femmes enceintes. Interdit aux sportifs en compétition. Abus dangereux.*
*4 à 10 comprimés par jour pendant 1 à 7 jours.*
**Dopant cérébral**

Comme tout dérivé de la cortisone, cette hormone stimule la volonté, euphorise et aide à dépasser ses limites, à lutter contre l'épuisement.

## * BÉTRIMAX « *vitamines B1, B6, B12* »

*En vente libre.*
*3 comprimés par jour pendant 30 à 60 jours.*
**Dopant cérébral**

L'association des 3 principales vitamines du groupe B combat l'irritabilité et les trous de mémoire et aide à supporter les méfaits de l'alcool.

## * BÉTRIPHOS C « *triphosadénine, vitamines B1, B6, B12 et C* »

*En vente libre. Prendre avant 16 h.*
*4 à 8 comprimés par jour pendant 10 à 30 jours.*
**Dopant musculaire et cérébral**

L'adjonction d'une enzyme et de vitamine C se révèle efficace en cas de fatigue musculaire, nerveuse et intellectuelle.

## BICARNÉSINE « *DL-carnitine* »

*En vente libre.*
*9 mesures par jour pendant 10 à 30 jours.*
**Dopant musculaire**

Une enzyme qui intervient dans la transformation des graisses en énergie.

## * BIO-MAG « *sels de magnésium* »

*En vente libre.*
*2 à 6 comprimés par jour pendant 30 à 60 jours.*
**Dopant musculaire et cérébral**

Un traitement magnésien doux qui augmente la résistance de l'organisme et prévient fatigue cérébrale et pertes de mémoire.

## * BIO-SÉLÉNIUM « *sélénium* »

*En vente libre.*
*2 à 3 comprimés par jour pendant 30 à 90 jours.*
**Dopant musculaire et cérébral**

Apport supplémentaire en sélénium, oligo-élément essentiel et encore méconnu. Protecteur cellulaire, il tonifie les muscles, améliore les performances sportives et accélère la récupération.

* **Ca C 1000 SANDOZ** « *vitamine C, calcium* »

*En vente libre. Prendre avant 16 h.*
*2 comprimés effervescents par jour pendant 10 à 30 jours.*
**Dopant musculaire**

Apport calcique indispensable au tonus cardiaque, musculaire et cérébral, complété par les propriétés tonifiantes et détoxicantes de la vitamine C.

** **CAFÉINE AGUETTANT** 25 p. 100 « *caféine* »

*En vente libre. Inderdit aux enfants. Interdit aux femmes enceintes. Interdit aux sportifs en compétition. Abus dangereux. Prendre avant 16 h.*
*2 à 4 injections I.V. par jour pendant 2 à 10 jours.*
**Dopant cérébral**

Habituellement utilisée pour tonifier les prématurés, la caféine injectable en intraveineuse constitue, comme le café, un remarquable stimulant du système nerveux qui diminue la sensation de fatigue et raccourcit les temps de réaction.

* **CALCED** « *sels de calcium, vitamine C, vitamine D2* »

*En vente libre. Interdit aux enfants. Abus dangereux. Prise matinale.*
*2 ampoules doubles par jour pendant 10 à 30 jours.*
**Dopant musculaire et cérébral**

Apporte le calcium et le fixe grâce à une forme active de vitamine D. Tonifie et détend les muscles, accroît la mémorisation. La vitamine C augmente la résistance à l'effort.

## CALCIBRONAT « bromo-galactogluconate de calcium »

*En vente libre.*
*4 comprimés effervescents par jour pendant 5 à 20 jours.*
**Dopant musculaire et cérébral**

Combat surmenage, excitation, instabilité, réduit les tics.

## CALCIUM CORBIÈRE BUVABLE Vitaminé fort C 500, D, PP « sel de calcium, vitamines C, D et PP »

*En vente libre. Prise matinale.*
*2 à 3 ampoules par jour pendant 10 à 30 jours.*
**Dopant musculaire et cérébral**

Défatigant par apport de calcium et de vitamines neurostimulantes.

## * CALGLUQUINE « quinine, paracétamol, caféine, codéine »

*En vente libre. Interdit aux enfants. Interdit aux femmes enceintes. Interdit aux sportifs en compétition. Abus dangereux.*
*6 à 8 comprimés par jour pendant 2 à 10 jours.*

**Dopant musculaire**

La caféine stimule, la vitamine C relance les défenses; paracétamol et codéine combattent la fièvre et la toux. C'est le dopant idéal en cas d'état grippal.

## * CANTOR « *minaprine* »

*Avec ordonnance, tableau A. Interdit aux enfants. Interdit aux femmes enceintes. Abus dangereux. Prise matinale.*
*4 à 8 comprimés par jour pendant 30 à 100 jours.*
**Dopant cérébral et sexuel masculin et féminin**

Stimule et désinhibe l'activité cérébrale en agissant sur les neuromédiateurs (dopamine et sérotonine). Efficace pour retrouver l'énergie du matin et débloquer une libido en veilleuse. Malheureusement son effet est rarement immédiat (une à trois semaines de délai).

## * CAPSULES PHARMATON « *poly-vitamines, sels minéraux* »

*En vente libre. Interdit aux enfants. Interdit aux femmes enceintes. Prise matinale.*
*2 à 6 comprimés par jour pendant 10 à 30 jours.*
**Dopant musculaire**

Un classique de l'énergie en vente libre, bien connu, bien promotionné et, néanmoins, bien utile pour se débarrasser des coups de pompe du matin.

### *** CAPTAGON 50 mg « *fénétylline* »

*Avec ordonnance, tableau B. Interdit aux enfants. Interdit aux femmes enceintes. Interdit aux sportifs en compétition. Abus dangereux. Prise matinale.*
*1 à 3 comprimés par jour pendant 10 jours maximum.*
**Dopant cérébral**

Le seul psychotonique de la classe des amphétamines disponible sur le marché français. Son administration répétée peut entraîner une dépendance, mais utilisé à bon escient il constitue un remarquable médicament de l'éveil cérébral, augmentant les processus associatifs, l'acuité des raisonnements et la résistance à la fatigue intellectuelle. C'est une bouée de sauvetage pour tout créateur en proie à l'angoisse d'un délai à tenir, d'une « charrette » à terminer.

### * CARDIOPHYLLINE « *théophylline* »

*En vente libre. Interdit aux enfants. Abus dangereux.*
*2 à 3 ampoules par jour ou 4 à 6 comprimés par jour pendant 2 à 10 jours.*
**Dopant musculaire et cérébral**

La théophylline, traitement courant de l'asthme, est surtout un stimulant central de la respiration, du cœur et du psychisme. Elle est donc utile chez un sujet normal devant accomplir un effort soutenu.

# * CARENCYL « *polyvitamines* »

*En vente libre. Prendre de 8 h à 20 h.*
*3 comprimés par jour pendant 30 à 60 jours.*
**Dopant musculaire**

Autre capsule d'énergie en vente libre, mais partiellement remboursée par la Sécurité sociale!


# ** CARIAMYL « *heptaminol* »

*Avec ordonnance, tableau C. Abus dangereux.*
*4 à 8 comprimés par jour ou 100 à 150 gouttes par jour pendant 2 à 10 jours.*
**Dopant musculaire et cérébral**

L'Heptaminol augmente la force des contractions du cœur, dilate les artères et stimule le cerveau. Il aide à l'oxygénation des muscles, y compris le muscle cardiaque et du système nerveux central. Psychotonique, il diminue la sensation de fatigue, augmente la volonté et la résistance à l'effort. Tous les grimpeurs des expéditions françaises en Himalaya, au cours des années 50 emportaient ce précieux médicament dans leur trousse de pharmacie et l'utilisaient avec le succès que l'on sait. L'Heptaminol fut ensuite interdit aux sportifs pour d'obscures raisons, pendant plus de vingt ans; son emploi est redevenu parfaitement licite, depuis peu, illustrant, si besoin était, les incohérences de toute attitude « antidopants » systématique.

123

## CÉFALINE « *paracétamol, caféine* »

*En vente libre. Interdit aux sportifs en compétition. Prise matinale.*
*4 à 6 sachets par jour pendant 1 à 8 jours.*
**Dopant cérébral**

Association connue d'un antalgique et d'un stimulant.

## CÉLESTÈNE « *bêtaméthasone* »

Concurrent direct du BETNÉSOL, il s'agit du même médicament, doté des mêmes propriétés.

## * CÉPHYL « *aspirine, caféine, composants homéopathiques* »

*En vente libre. Interdit aux femmes enceintes. Interdit aux sportifs en compétition. Abus dangereux.*
*2 à 8 comprimés par jour pendant 3 à 10 jours.*
**Dopant cérébral**

Autre stimulant central à action antidouleur et antifièvre.

## * CÉRÉBROL « *diéthylaminoéthanol* »

*En vente libre.*
*2 à 4 ampoules par jour pendant 30 à 60 jours.*
**Dopant cérébral**

Psychostimulant agissant sur les neuromédiateurs du système nerveux central en améliorant la coordination, la mémorisation et la vigilance.

## CERVILANE « *dihydroergocristine* »

*Avec ordonnance, tableau C. Interdit aux enfants. Interdit aux femmes enceintes.*
*3 comprimés par jour pendant 30 à 60 jours.*
**Dopant cérébral**

Augmente l'apport de sang au cerveau de façon transitoire.

## ** CERVOXAN « *vinburnine* »

*Avec ordonnance, tableau C. Interdit aux enfants. Interdit aux femmes enceintes. Abus dangereux.*
*4 à 8 comprimés par jour ou 2 injections I.M. par jour pendant 10 à 30 jours.*
**Dopant cérébral**

Augmente l'oxygénation du cerveau, ce qui combat les troubles de la mémoire et la baisse des capacités d'attention et de concentration.

## * CÉTOGLUTARAN « *dialphacétoglutarate de calcium* »

*En vente libre. Prise matinale.*
*2 à 3 sachets par jour pendant 10 à 60 jours.*
**Dopant cérébral**

Psychostimulant par augmentation de la

concentration en GABA (neuromédiateur prédominant du cerveau) du tissu cérébral.

* **CHILRAL** « *théophylline, éphédrine, phénobarbital* »

*Avec ordonnance, tableau C. Interdit aux sportifs en compétition. Abus dangereux.*
*4 à 6 comprimés par jour pendant 3 à 15 jours.*
**Dopant musculaire et cérébral**

2 produits stimulants du cœur, de la respiration et du psychisme prédisposent à l'effort, le troisième a des vertus relaxantes.

* **CLÉDIAL** « *médifoxamine* »

*Avec ordonnance, tableau C. Interdit aux enfants. Interdit aux femmes enceintes. Abus dangereux.*
*3 à 4 comprimés par jour pendant 10 à 30 jours.*
**Dopant cérébral**

Antidépresseur psychostimulant original, d'action rapide et positive sur l'humeur, l'acuité mentale, l'activité musculaire, par renforcement de l'action de la dopamine (neuromédiateur).

* **CLÉRÉGIL** « *déanol acéglumate* »

*En vente libre.*
*2 à 4 ampoules par jour pendant 10 à 30 jours.*
**Dopant cérébral**

Psychostimulant de sécurité.

* **COBANZYME** « *cobamamide* »

*Gélules en vente libre. Avec ordonnance, tableau C pour les injections I.M. et I.V.*
*4 comprimés par jour pendant 10 à 40 jours ou 2 injections I.M. ou I.V. par jour pendant 10 à 20 jours.*
**Dopant musculaire**

Des enzymes qui vous feront fabriquer du muscle, sans utiliser d'hormones.


* **COGITUM** « *acide acétylaminosuccinique* »

*En vente libre.*
*2 à 4 ampoules par jour pendant 20 à 60 jours.*
**Dopant cérébral**

Comme son nom l'indique, il stimule le travail intellectuel; il s'agit d'une molécule dont la présence est caractéristique du cerveau; si on en apporte davantage celui-ci fonctionne mieux.


**COLPORMON** « *hydroxyestrone* »

*En vente libre. Interdit aux enfants. Interdit aux femmes enceintes. Abus dangereux.*
*4 à 6 comprimés par jour pendant 10 à 20 jours.*
**Dopant sexuel féminin**

Dérivé de l'hormone femelle, sans effet sur le cycle ovarien, il stimule la libido féminine en corrigeant les troubles vaginaux locaux (dyspareunie, sécheresse vaginale).

# * CORAMINE « nicéthamide »

*En vente libre. Interdit aux enfants. Interdit aux femmes enceintes. Interdit aux sportifs en compétition.*
*50 à 150 gouttes par jour pendant 2 à 15 jours.*
**Dopant cérébral**

Défatigant et stimulant du système nerveux toujours apprécié.

# CORGARD « nadolol »

*Avec ordonnance, tableau A. Interdit aux enfants. Interdit aux femmes enceintes. Interdit aux sportifs en compétition. Abus dangereux. Prise matinale.*
*1 comprimé par jour pendant 5 à 10 jours.*
**Dopant antitrac**

Bêta-bloquant original, de longue durée d'action, qui renforce la stabilité émotionnelle et la concentration intellectuelle ou nerveuse.

# COROPHYLLINE « acéfylline heptaminol »

*Avec ordonnance, tableau C.*
*100 à 200 gouttes par jour ou 4 à 8 comprimés par jour pendant 2 à 15 jours.*
**Dopant musculaire et cérébral**

Stimule l'oxygénation du cerveau et des muscles pour aider aux efforts soutenus.

## CORTANCYL « *prednisone* »

*Avec ordonnance, tableau A. Interdit aux enfants. Interdit aux femmes enceintes. Interdit aux sportifs en compétition. Abus dangereux.*
*10 à 16 comprimés par jour (1 mg) pendant 1 à 4 jours.*
**Dopant cérébral**

Une autre variété de cortisone, utile pour des périodes très brèves où l'on doit être euphorique pour se sentir plus fort et stimuler sa volonté.

## * CORTINE NATURELLE « *extrait cortico-surrénal total* »

*En vente libre. Interdit aux femmes enceintes. Abus dangereux.*
*2 à 6 ampoules ou injections I.M. par jour pendant 5 à 30 jours.*
**Dopant musculaire**

Extraits de glandes surrénales en vente libre, les effets de la cortisone nettement atténués, mais nettement moins dangereux. Défatigant et euphorisant.

## * DÉBRUMYL « *déanol, heptaminol* »

*En vente libre.*
*2 à 4 ampoules par jour pendant 10 à 60 jours.*
**Dopant cérébral**

Améliore la vigilance, permet une meilleure récupération intellectuelle, stimule les fonctions cérébrales tout en ne troublant pas le sommeil. Possède en outre une action stimulante sur le cœur et les muscles grâce à l'heptaminol.

## * DÉCA-DURABOLIN 50 « nandrolone »

*Avec ordonnance, tableau C. Interdit aux enfants. Interdit aux femmes enceintes. Interdit aux sportifs en compétition. Abus dangereux.*
*1 injection I.M. par semaine (6 injections).*
**Dopant musculaire**

Hormone mâle de synthèse, d'action retard (prolongée). Développe la croissance musculaire, améliore les capacités d'entraînement, stimule la volonté et l'agressivité tout en faisant reculer la fatigue.

## ** DÉDROGYL « calcifédiol »

*Avec ordonnance, tableau C. Abus dangereux. Prise matinale.*
*3 à 10 gouttes par jour pendant 30 à 90 jours.*
**Dopant cérébral et musculaire**

Vitamine D de synthèse, « du soleil dans un flacon ». Fait remonter le taux du calcium sanguin, ce qui combat la fatigue musculaire et les pertes de mémoire mais aussi fortifie les os et la solidité du squelette.

## DELBIASE « *sels de magnésium* »

*En vente libre.*
*4 à 6 comprimés par jour pendant 30 à 120 jours.*
**Dopant cérébral**

Le magnésium combat les fatigues physiques et nerveuses causées par l'hyperexcitabilité neuromusculaire.

## * DI-ACTANE 200 mg « *naftidrofuryl* »

*Avec ordonnance, tableau C. Interdit aux enfants. Interdit aux femmes enceintes. Abus dangereux.*
*2 comprimés par jour pendant 30 à 60 jours.*
**Dopant cérébral**

Rajeunit et protège le cerveau en y augmentant le débit sanguin.

## DI-HYDAN « *phénytoïne* »

*En vente libre. Abus dangereux. Interdit aux femmes enceintes.*
*3 à 5 comprimés par jour pendant 15 à 60 jours.*
**Dopant cérébral**

En France ce médicament est surtout utilisé comme anti-épileptique, aux États-Unis, en revanche, on considère qu'il s'agit d'un remarquable psychostimulant et euphorisant et on le conseille largement aux personnes se plaignant d'un manque d'élan vital.

# * DININTEL « *clobenzorex* »

*Avec ordonnance, tableau A. Interdit aux enfants. Interdit aux femmes enceintes. Interdit aux sportifs en compétition. Abus dangereux. Prise matinale.*
*3 comprimés par jour pendant 10 à 60 jours.*
**Dopant cérébral**

Ce coupe-faim, comme tous les autres, aide à maigrir mais surtout augmente la vigilance, efface la fatigue et stimule l'activité intellectuelle.

# * DOPRAM « *doxapram* »

*Avec ordonnance, tableau A. Interdit aux enfants. Interdit aux femmes enceintes. Interdit aux sportifs en compétition. Abus dangereux.*
*2 comprimés par jour pendant 10 à 30 jours.*
**Dopant musculaire**

Stimulant respiratoire, augmente la résistance à l'effort, élimine les toxines musculaires par l'amélioration des échanges gazeux.

# DUCTON « *lysat de neisseria perflava* »

*En vente libre. Prise matinale.*
*1 à 2 injections I.M. par jour pendant 2 à 15 jours.*
**Dopant musculaire**

Stimule les défenses naturelles de l'organisme.

## * DULCION 4,5 mg « *dihydroergotoxine* »

*Avec ordonnance, tableau C. Interdit aux enfants. Interdit aux femmes enceintes. Prise matinale.*
*1 dose par jour pendant 20 à 60 jours.*
**Dopant cérébral**

Combat les baisses d'activité psychique, les troubles de l'humeur et de la mémoire.

## * DUVADILAN « *isoxsuprine* »

*En vente libre.*
*6 à 8 comprimés ou 1 à 2 injections I.M. par jour pendant 5 à 30 jours.*
**Dopant sexuel masculin**

Vasodilatateur d'action rapide à utiliser une demi-heure avant les rapports sexuels en cas d'impuissance ou d'érections insuffisantes.

## DUXIL « *almitrine, raubasine* »

*Avec ordonnance, tableau C. Interdit aux enfants.*
*2 à 3 comprimés par jour pendant 20 à 60 jours.*
**Dopant cérébral**

Apporte davantage d'oxygène au cerveau, ce qui stimule la mémoire, la vivacité d'esprit, l'attention et la concentration.

## DYNABOLON « *nandrolone* »

*Avec ordonnance, tableau C. Interdit aux enfants. Interdit aux femmes enceintes. Interdit aux sportifs en compétition. Abus dangereux.*
*1 injection I.M. par semaine (6 injections).*
**Dopant musculaire**

Hormone mâle de synthèse, aide à se faire, ou refaire, des muscles, augmente l'endurance et retarde l'épuisement des réserves musculaires.

## * DYNAMAG « *magnésium, vitamine B6* »

*En vente libre.*
*3 à 4 ampoules par jour pendant 30 à 60 jours.*
**Dopant musculaire et cérébral**

L'association magnésium vitamine B6 combat efficacement et durablement la fatigue musculaire et nerveuse.

## * DYNERVAL H.P. « *sels minéraux, extraits glandulaires* »

*En vente libre.*
*4 comprimés ou 4 ampoules par jour pendant 30 à 60 jours.*
**Dopant musculaire et cérébral**

Défatigant complet de composition bien équilibrée.

* **DESINTEX-PENTAZOL** « *soufre + pentétrazol* »

*En vente libre. Interdit aux sportifs en compétition. Prise matinale.*
*3 à 6 comprimés par jour pendant 10 à 30 jours.*
**Dopant cérébral**

Il s'agit d'un banal produit à base de soufre, conseillé contre les démangeaisons et en vente libre. Mais il contient aussi un stimulant puissant, utile en cas de passages à vide.


* **DICERTAN** « *adénosine phosphate de papavérine* »

*Avec ordonnance, tableau A. Interdit aux enfants. Interdit aux femmes enceintes. Abus dangereux.*
*3 comprimés par jour pendant 10 à 30 jours.*
**Dopant cérébral et sexuel masculin**

Augmente le débit circulatoire cérébral, ce qui stimule l'activité intellectuelle. La papavérine dilate les artères, luttant contre l'impuissance masculine par afflux massif de sang dans la verge.


* **EFFORTIL** « *étiléfrine* »

*En vente libre. Interdit aux enfants. Interdit aux femmes enceintes.*
*100 gouttes ou 6 à 8 comprimés par jour pendant 10 à 30 jours.*

135

**Dopant musculaire**

Combat les « coups de pompe » en faisant remonter la tension artérielle.

* **EFICAL** *« pidolate de calcium »*

*En vente libre. Abus dangereux.*
*2 à 4 ampoules par jour pendant 10 à 30 jours.*
**Dopant musculaire**

Apport calcique tonifiant.

* **ENCÉPHABOL** *« pyritinol »*

*En vente libre.*
*6 à 8 comprimés par jour pendant 30 à 60 jours.*
**Dopant cérébral**

Facilite le passage du glucose dans le cerveau et son utilisation par les neurones, stimulant ainsi l'attention, la mémoire et les performances mentales.

**EPHYDION** *« éphédrine, codéthyline »*

*Avec ordonnance, tableau A. Interdit aux femmes enceintes. Interdit aux sportifs en compétition. Abus dangereux.*
*6 comprimés par jour pendant 1 à 7 jours.*
**Dopant cérébral**

L'éphédrine stimule la volonté et la confiance en soi, la codéthyline a des propriétés euphorisantes.

136

## ERGADYL « *phosphocréatinine* »

*En vente libre. Prise matinale.*
*6 comprimés par jour pendant 10 à 30 jours.*
**Dopant musculaire**

Défatigant à visée énergétique qui combat la fatigabilité musculaire.

## ERGOKOD « *dihydroergotoxine* »

*Avec ordonnance, tableau C. Interdit aux enfants. Interdit aux femmes enceintes. Abus dangereux.*
*90 à 120 gouttes par jour pendant 30 à 90 jours.*
**Dopant cérébral**

Augmente la consommation d'oxygène cérébral et restaure une activité psychique optimum.

## ERYTHROTON « *sel de fer, extraits de foie, vitamine B12* »

*En vente libre.*
*7 comprimés par jour pendant 30 à 120 jours.*
**Dopant musculaire**

Du fer comme dans les épinards de Popcyc, à bonne dose pour une recharge efficace.

## EUPNÉRON XANTHIQUE « *éprozinol, théophylline, caféine* »

*Avec ordonnance, tableau C. Interdit aux enfants. Interdit aux femmes enceintes. Interdit aux sportifs en compétition. Abus dangereux.*
*4 à 6 comprimés par jour pendant 3 à 7 jours.*
**Dopant musculaire et cérébral**

Stimulant respiratoire, du cœur et du psychisme; aide l'effort soutenu.

## * FENPROPOREX RETARD BOTTU « *fenproporex* »

*Avec ordonnance, tableau A. Interdit aux enfants. Interdit aux femmes enceintes. Interdit aux sportifs en compétition. Abus dangereux. Prendre le matin.*
*1 comprimé par jour pendant 10 à 60 jours.*
**Dopant cérébral**

Produit anorexigène (coupe-faim) qui est également un psychostimulant et un excitant cérébral. Un seul comprimé a une action à la fois rapide et de longue durée : 10 minutes/24 heures.

## FÉNUGRÈNE « *fénugrec* »

*En vente libre.*
*4 comprimés par jour pendant 20 à 60 jours.*
**Dopant musculaire et sexuel masculin**

Un extrait de plante qui stimule l'appétit et permet de reprendre du poids. Provient d'une plante connue comme aphrodisiaque.

**FER C B12** « *fer, vitamines C et B12* »

*En vente libre.*
*4 ampoules par jour pendant 20 à 90 jours.*
**Dopant musculaire**

Du fer directement assimilable, encore mieux absorbé grâce à la vitamine B12, complété par les vertus énergétiques et détoxicantes de la vitamine C.

**\* F.E.V. 300** « *coenzyme A, cocarboxilase, triphosadénine* »

*En vente libre. Prendre le matin.*
*2 à 3 injections I.M. par jour pendant 7 à 15 jours.*
**Dopant musculaire**

Les enzymes de l'énergie et de la contraction musculaire sous forme injectable d'action rapide.

**FLATISTINE** « *carnitine* »

*En vente libre.*
*1/4 à 1/2 sachet par jour pendant 30 à 60 jours.*
**Dopant musculaire**

Intermédiaire indispensable de la production d'énergie musculaire.

**\* FOSLYMAR** « *phosphore, magnésium* »

*En vente libre.*
*2 à 3 comprimés effervescents par jour pendant 15 à 45 jours.*

**Dopant musculaire**

Apport équilibré de phosphore et de magnésium, détend et défatigue.

## FRUBIOSE 500 « *vitamine C* »

*En vente libre. Prise matinale.*
*4 ampoules par jour pendant 7 à 30 jours.*
**Dopant musculaire**

Une vitamine C buvable, aide à tenir le coup en cas de surmenage passager.

## * FRUBIOSE CALCIQUE FORTE « *vitamine D2, calcium* »

*En vente libre. Prise matinale.*
*2 ampoules par jour pendant 10 à 60 jours.*
**Dopant musculaire et cérébral**

L'association classique vitamine D et calcium combat la nervosité, donne du tonus et aide l'activité cérébrale.

## * GABACET « *piracétam* »

*Avec ordonnance, tableau C. Interdit aux femmes enceintes. Abus dangereux.*
*2 ampoules ou 6 comprimés ou 3 injections I.M. par jour pendant 10 à 60 jours.*
**Dopant cérébral**

Augmente l'attention, la concentration, la vigilance, la mémorisation, la sociabilité.

## * GAMMA 16 « *immunoglobulines* »

*En vente libre.*
*2 injections I.M. de 10 ml par semaine (4 fois) pour les*
*adultes; 1 à 2 injections I.M. de 2 à 4 ml par semaine (2 à*
*4 fois) pour les enfants.*
**Dopant musculaire**

Des anticorps antiviraux et antibactériens qui stimulent les défenses immunitaires de l'organisme et permettent d'être solide face aux agressions.

## GÉLYSTÈNE « *acides aminés, vitamine B12* »

*En vente libre.*
*3 gélules par jour pendant 20 à 60 jours.*
**Dopant musculaire**

Défatigant musculaire.

## GÉNOSCOPOLAMINE « *scopolamine* »

*Avec ordonnance, tableau A. Interdit aux enfants. Interdit*
*aux femmes enceintes. Abus dangereux.*
*2 à 6 comprimés par jour pendant 10 à 20 jours.*
**Dopant cérébral**

Utilisée dans le traitement de la maladie de Parkinson, la scopolamine, alcaloïde présent dans la belladone, la jusquiame et d'autres plantes produit d'abord une excitation psychique et intellectuelle puis une euphorie parfois bien nécessaire.

# GÉRIASTÈNE « *vitamines C, B1, B6, PP, sels minéraux* »

*En vente libre.*
*6 à 9 comprimés par jour pendant 30 à 60 jours.*
**Dopant musculaire**

Autre exemple de composition destinée à combattre la fatigue.


# * GÉRO « *procaïne* »

*Avec ordonnance, tableau C. Interdit aux enfants. Interdit aux femmes enceintes. Abus dangereux. Prise matinale.*
*3 injections I.M. par semaine pendant 1 mois, à renouveler 1 mois sur 2.*
**Dopant musculaire et cérébral**

La procaïne est à la base du célèbre Gérovital du docteur Aslan; les injections de Géro permettent, même sans se rendre en Roumanie, de bénéficier d'effets similaires : antivieillissement et euphorisation.


# GÉVATRAN 200 « *naftidrofuryl* »

*Avec ordonnance, tableau C. Interdit aux enfants. Interdit aux femmes enceintes.*
*2 comprimés par jour pendant 30 à 60 jours.*
**Dopant cérébral**

Améliore l'oxygénation cérébrale et favorise la production d'énergie.

**GÉVRAL** « *polyvitamines, sels minéraux, oligo-éléments* »

*En vente libre. Prise matinale.*
*1 à 2 comprimés par jour pendant 30 à 90 jours.*
**Dopant musculaire**

Vitamines du matin, bonne mine jusqu'à demain!

**GINSENG ALPHA 500 mg** « *poudre de ginseng* »

*En vente libre.*
*4 à 6 comprimés par jour pendant 10 à 60 jours.*
**Dopant musculaire, cérébral et sexuel masculin**

Remède universel en Asie, le ginseng tonifie les organes, stimule le système nerveux central et accélère les phénomènes sexuels.

**GINSENG ARIK** « *poudre de ginseng, polyvitamines* »

*En vente libre.*
*1 à 3 comprimés par jour pendant 20 à 60 jours.*
**Dopant musculaire, cérébral et sexuel masculin**

Moitié moins de ginseng par gélule que pour le précédent, mais beaucoup plus de vitamines.

143

## GLOBISINE « *acides aminés, vitamines, oligo- éléments* »

*En vente libre.*
*2 à 4 ampoules par jour pendant 20 à 60 jours.*
**Dopant musculaire**

Défatigue et stimule l'organisme.

## GLOSSO-STÉRANDRYL 25 mg « *méthyltestos- térone* »

*Avec ordonnance, tableau C. Interdit aux enfants. Interdit aux femmes enceintes. Interdit aux sportifs en compéti- tion. Abus dangereux.*
*2 comprimés par jour pendant 10 à 30 jours.*
**Dopant musculaire et sexuel masculin**

Hormone mâle de synthèse active par voie perlinguale, aide au développement musculaire, stimule la libido et l'activité sexuelle.

## GLUTADOUZE « *extraits de foie, rate, surréna- le, pylore, acide glutamique, vitamine B12* »

*En vente libre.*
*3 ampoules par jour pendant 20 à 60 jours.*
**Dopant musculaire et cérébral**

Tonifiant et stimulant cérébral.

## GLUTAMAG TRIVIT B « *acide glutamique, vitamines B1, B2, PP* »

*En vente libre.*
*3 à 4 ampoules par jour pendant 20 à 60 jours.*
**Dopant cérébral**

L'acide glutamique est un psychostimulant doux, les vitamines B protègent les cellules nerveuses.

## GLUTAMAG VITAMINE B1 « *glutamate de magnésium, vitamine B1* »

*En vente libre.*
*1 à 2 ampoules par jour pendant 20 à 60 jours.*
**Dopant cérébral**

Le même psychostimulant doux que le précédent mais dans une formule plutôt réservée aux enfants.

## GLUTAMINOL B6 « *acide glutamique, vitamine B6* »

*En vente libre.*
*6 comprimés par jour pendant 20 à 60 jours.*
**Dopant cérébral**

Toujours l'acide glutamique comme stimulant cérébral, mais en dragées souvent plus pratiques à utiliser.

## * GONADOTROPHINE CHORIONIQUE
### « ENDO » « *hormone gonadotrope* »

*En vente libre. Exclusivement, sur indication médicale, pour les enfants et les femmes enceintes. Autorisé aux sportifs en compétition (provisoirement).*
*2 ampoules I.M. de 1 500 unités internationales par semaine pendant 3 mois.*
**Dopant musculaire et sexuel masculin et féminin**

Les gonadotrophines stimulent la production d'hormones naturelles, mâles ou femelles, par l'organisme. Elles servent à augmenter la croissance et la force musculaire, à exciter la volonté, à faire reculer la fatigue, à développer les possibilités sexuelles.

## GURONSAN  « *glucuronamide, vitamine C, caféine* »

*En vente libre. Interdit aux sportifs en compétition. Prendre avant 16 h.*
*2 à 3 comprimés par jour pendant 10 à 30 jours.*
**Dopant musculaire et cérébral**

Association de tonifiants et de stimulants cérébraux d'effet rapide.

## * GYNODIAN « *prastérone, estradiol* »

*Avec ordonnance, tableau C. Interdit aux enfants. Interdit aux femmes enceintes. Abus dangereux. Prise matinale.*
*1 injection I.M. par mois pendant 3 à 6 mois.*

**Dopant cérébral**

Exclusivement réservé aux femmes en période postménopausique, cette association hormonale substitutive permet de conserver forme physique et humeur optimiste.

## * HALOTESTIN « *fluoxymestérone* »

*Avec ordonnance, tableau C. Interdit aux enfants. Interdit aux femmes enceintes. Interdit aux sportifs en compétition. Abus dangereux.*
*1 à 2 comprimés (5 mg) par jour pendant 10 à 40 jours.*
**Dopant musculaire et sexuel masculin**

Hormone mâle de synthèse, permet de se construire du muscle tout en augmentant la libido.

## HÉLIOFER « *sels de fer, vitamine C* »

*En vente libre.*
*4 à 8 comprimés par jour pendant 20 à 90 jours.*
**Dopant musculaire**

L'association fer et vitamine C tonifie, stimule et augmente les résistances de l'organisme.

## HÉMATON « *hématoporphyrine* »

*En vente libre.*
*4 à 8 ampoules par jour pendant 20 à 60 jours.*
**Dopant musculaire**

Un précurseur du fer et des extraits glandulaires pour effacer la fatigue.

## HÉMÉDONINE « *hématoporphyrine* »

*En vente libre. Prise matinale.*
*1 injection I.M. par jour pendant 10 à 30 jours.*
**Dopant musculaire**

Défatigant injectable qui agit vite et fort.


## HÉMOGLOBINE DESCHIENS « *sang total* »

*En vente libre. Prendre l'après-midi.*
*4 à 6 cuillères à soupe par jour pendant 20 à 60 jours.*
**Dopant musculaire**

Se revigorer en buvant du sang presque frais, sans être Dracula!


## HÉMOGLOBINE Vit. B12 DESCHIENS « *sang total, vitamine B12* »

*En vente libre. Prendre l'après-midi.*
*4 à 6 cuillères à soupe par jour pendant 20 à 60 jours.*
**Dopant musculaire**

Encore du sang total, mais ici additionné de vitamine B12 également énergétique.


## ** HEPT-A-MYL « *heptaminol* »

*En vente libre. Autorisé aux sportifs en compétition, pour le moment.*
*4 à 8 comprimés ou 100 à 200 gouttes ou 2 à 4 injections I.M. ou I.V. par jour pendant 3 à 20 jours.*
**Dopant musculaire et cérébral**

L'heptaminol renforce la contraction musculaire, dilate les artères du cœur, permettant des efforts plus soutenus. Augmente également la circulation cérébrale, ce qui stimule le cerveau et la volonté tout en faisant reculer le seuil de la fatigue.

## HÉRACLÈNE « *dibencozide* »

*Avec ordonnance, tableau C. Abus dangereux.*
*3 à 6 comprimés par jour pendant 10 à 30 jours.*
**Dopant musculaire**

Précurseur actif de la vitamine B12, l'Héraclène, comme son nom dérivé d'Hercule l'indique, aide activement à fabriquer des protéines, donc des muscles.

## HOMÉOSTHÉNINE « *principes homéopathiques* »

*En vente libre. Prendre l'après-midi.*
*20 à 40 gouttes par jour pendant 20 à 90 jours.*
**Dopant musculaire et cérébral**

Des gouttes faciles à prendre, une formule complète stimulante pour les fervents d'homéopathie.

## * HORDÉNOL « *hordénine, caféine* »

*En vente libre. Interdit aux sportifs en compétition. Abus dangereux. Prendre avant 16 h.*
*2 à 4 ampoules par jour pendant 3 à 15 jours.*

**Dopant cérébral**

Deux stimulants du système nerveux, habituellement utilisés comme traitement des diarrhées, mais aussi bien utiles pour ceux qui recherchent un coup de fouet passager.

## HYDERGINE « *dihydroergo-cornine,-cristine,-cryptine A et B* »

*Avec ordonnance, tableau C. Interdit aux enfants. Interdit aux femmes enceintes. Abus dangereux.*
*3 comprimés par jour ou 100 gouttes par jour pendant 20 à*
*90 jours.*
**Dopant cérébral**

Vasodilatateur cérébral classique, stimule la vigilance, la mémoire et l'idéation.

## HYDROCORTISONE ROUSSEL « *hydrocortisone* »

*Avec ordonnance, tableau A. Interdit aux enfants. Interdit aux femmes enceintes. Interdit aux sportifs en compétition. Abus dangereux.*
*4 à 8 comprimés par jour (10 mg) pendant 7 à 20 jours.*
**Dopant musculaire et cérébral**

Forme physiologique de la cortisone, utilisée de façon transitoire elle stimule la volonté, donne des forces et rend euphorique.

*Ne jamais utiliser longtemps comme tonifiant.*

## HYDROSARPAN 711 « *pipratécol, raubasine* »

*Avec ordonnance, tableau A. Interdit aux enfants. Interdit aux femmes enceintes. Abus dangereux.*
*6 comprimés par jour pendant 20 à 60 jours.*
**Dopant cérébral**

Stimule la mémoire et l'idéation par augmentation de la circulation cérébrale.

## * HYDROSOL POLYVITAMINE B.O.N. « *polyvitamines* »

*En vente libre. Avec ordonnance, tableau C pour les injections I.M. et I.V. Prendre avant 16 h.*
*1 à 2 comprimés par jour ou 2 à 5 injections I.M. ou I.V. par jour pendant 10 à 60 jours.*
**Dopant musculaire**

Association polyvitaminée complète qui assure les besoins quotidiens de l'organisme, faisant ainsi reculer le seuil de la fatigue.

## * INDUSIL T « *dibencozide* »

*Avec ordonnance, tableau C. Abus dangereux.*
*3 à 4 comprimés par jour pendant 20 à 60 jours.*
**Dopant musculaire**

Toujours le dibencozide, intégrateur protidique qui accélère la synthèse des protéines permettant de développer les muscles.

* **INDUSIL T Injectable** « *dibencozide* »

*Avec ordonnance, tableau C. Interdit aux enfants. Interdit aux femmes enceintes. Abus dangereux.*
*1 injection I.M. ou I.V. par jour pendant 10 à 30 jours.*
**Dopant musculaire**

Le même que précédemment sous forme injectable donc d'action plus rapide.


## INOPHYLINE « *théophylline* »

*En vente libre. Interdit aux enfants. Interdit aux femmes enceintes.*
*6 à 8 comprimés par jour ou 2 à 3 injections I.V. par jour pendant 3 à 15 jours.*
**Dopant cérébral et musculaire**

Stimulant respiratoire qui augmente la résistance à l'effort et favorise l'activité cérébrale.


* **INOPHYLINE PAPAVÉRIQUE** « *aminophylline, papavérine* »

*Avec ordonnance, tableau A. Interdit aux enfants. Interdit aux femmes enceintes. Abus dangereux.*
*6 à 8 comprimés par jour pendant 7 à 30 jours.*
**Dopant cérébral et sexuel masculin**

Stimule la respiration et favorise l'effort, dilate les artères et relâche les muscles lisses, ce qui a des effets très positifs sur l'érection en cas de prise du médicament une demi-heure avant les rapports éventuels.

## IONIMAG « *lactate de magnésium* »

*En vente libre.*
*4 à 6 comprimés par jour pendant 30 à 90 jours.*
**Dopant musculaire et cérébral**

Combat le déficit magnésien, évitant faiblesse musculaire, irritabilité, insomnies, pertes de mémoire.

## IONYL « *acide phosphorique, sels minéraux* »

*En vente libre.*
*40 à 60 gouttes par jour pendant 20 à 40 jours.*
**Dopant cérébral**

Le phosphore fait partie des stimulants cérébraux de base utiles en cas d'efforts intellectuels soutenus.

## ISKÉDYL « *raubasine, dihydroergocristine* »

*Avec ordonnance, tableau C. Interdit aux enfants. Interdit aux femmes enceintes. Abus dangereux.*
*100 à 150 gouttes ou 4 à 6 comprimés ou 4 à 6 injections I.M. ou I.V. par jour pendant 20 à 40 jours.*
**Dopant cérébral**

Stimule la circulation cérébrale, améliore l'humeur, l'attention, la vigilance et la mémoire.

## ISOMÉRIDE « *dexfenfluramine* »

*Avec ordonnance, tableau A. Interdit aux enfants. Interdit aux femmes enceintes. Interdit aux sportifs en compétition. Abus dangereux. Prise matinale.*
*2 comprimés par jour pendant 20 à 60 jours.*
**Dopant cérébral**

Un réducteur de l'appétit, stimulant de l'humeur sans effets amphétaminiques.

## KALÉORID LEO « *chlorure de potassium* »

*En ventre libre. Abus dangereux.*
*3 à 6 comprimés par jour pendant 10 à 30 jours.*
**Dopant musculaire**

L'apport de potassium combat la fatigue musculaire et les crampes.

## KALIÉNOR « *chlorure de potassium* »

*En vente libre. Abus dangereux.*
*1 à 3 comprimés par jour pendant 10 à 30 jours.*
**Dopant musculaire**

Autre marque de potassium assimilable par la bouche, utile pour régulariser le tonus musculaire.

## \* KOLA ASTIER « *extrait de kola, caféine* »

*En vente libre. Interdit aux sportifs en compétition. Prendre avant 16 h.*
*6 à 8 comprimés par jour pendant 10 à 30 jours.*

**Dopant cérébral, musculaire et sexuel masculin**

La noix de kola est un tonique musculaire et général particulièrement actif, la caféine potentialise ses propriétés psychostimulantes. L'ensemble constitue un apport énergétique rapide et concentré.

## LAROSCORBINE « *vitamine C* »

*En vente libre. Prendre avant 16 h.*
*2 à 4 comprimés ou 2 à 6 comprimés effervescents ou 2 à 4 injections I.V. par jour pendant 10 à 60 jours.*
**Dopant musculaire**

La vitamine C seule, vitamine énergétique par excellence, à fortes doses injectables ou en comprimés. Convient à toutes les situations où un stimulant d'action rapide et sans aucun risque est nécessaire.

## * LÉNITRAL PERCUTANE « *trinitrine* »

*Avec ordonnance, tableau C. Abus dangereux.*
*2 à 3 applications externes par jour pendant 2 à 15 jours.*
**Dopant sexuel masculin**

La trinitrine est le médicament classique de la crise d'angine de poitrine, c'est un vasodilatateur puissant et immédiat. La pommade contenant de la trinitrine appliquée localement sur le pénis provoque un afflux sanguin intense salutaire dans les problèmes d'impuissance d'origine psychologique.

## LEUCO-4 « *adénine* »

*En vente libre.*
*4 à 6 comprimés ou 4 à 6 injections I.V. ou I.M. par jour pendant 20 à 60 jours.*
**Dopant musculaire**

L'adénine stimule la production de globules blancs, renforce l'immunité et combat la fatigue.

## LÉVOCARNIL 100 mg « *L-carnitine* »

*En vente libre.*
*2 à 4 ampoules par jour pendant 10 à 30 jours.*
**Dopant musculaire**

La carnitine stimule l'élaboration des acides aminés, augmente les réserves énergétiques de la cellule et aide à l'élaboration du tissu musculaire.

## LÉVOTHYROX 50 mcg « *lévothyroxine* »

*Avec ordonnance, tableau C. Interdit aux enfants. Interdit aux femmes enceintes. Interdit aux sportifs en compétition. Abus dangereux.*
*1 à 2 comprimés par jour pendant 10 à 20 jours.*
**Dopant musculaire**

Hormone thyroïdienne qui accélère le métabolisme et lutte contre les sensations d'aboulie ou d'épuisement.

## LIVÉROÏL « *huile de foie de poissons* »

*En vente libre. Prendre le soir.*
*1 suppositoire par jour pendant 20 à 40 jours.*
**Dopant musculaire**

La forme suppositoire de la célèbre huile de foie de morue utile pour stimuler l'organisme et accélérer une convalescence.

## LOBATOX « *lobéline* »

*En vente libre. Interdit aux enfants. Interdit aux femmes enceintes. Interdit aux sportifs en compétition.*
*6 comprimés par jour pendant 15 à 30 jours.*
**Dopant cérébral**

La lobéline, alcaloïde voisin de la nicotine, possède des effets tonifiants proches du tabac. Accessoirement, la prise de lobéline peut aider à se désaccoutumer de fumer.

## LONTANYL 250 mg « *testostérone* »

*Avec ordonnance, tableau C. Interdit aux enfants. Interdit aux femmes enceintes. Interdit aux sportifs en compétition. Abus dangereux.*
*1 à 2 injections I.M. par mois pendant 3 à 6 mois.*
**Dopant musculaire et sexuel masculin**

Hormone mâle naturelle, anabolisant protidique qui contribue au développement de la musculature, tonique général, stimulant sexuel.

## * LUCIDRIL 250 « méclofénoxate »

*En vente libre. Prendre avant 16 h.*
*4 à 6 comprimés par jour pendant 30 à 90 jours.*
**Dopant cérébral**

Activateur du métabolisme cérébral et vasodilatateur puissant, ce produit favorise la concentration intellectuelle, stimule la mémoire, développe les processus mentaux.

## * LUCIDRIL 1000 « méclofénoxate »

*En vente libre. Interdit aux enfants. Interdit aux femmes enceintes. Prendre avant 16 h.*
*2 à 4 injections I.V. par jour pendant 10 à 20 jours.*
**Dopant cérébral**

Le même médicament, mais la forme injectable provoque une action plus intense et un résultat plus rapide.

## LYSINE VITAMINE B12 « vitamine B12 lysine »

*En vente libre.*
*2 à 8 cuillères à café par jour pendant 10 à 30 jours.*
**Dopant musculaire**

Apport d'acides aminés et de vitamine B12 qui lutte contre l'épuisement.

**LYSIVIT B12** « *lysine, inositol, vitamine B12* »

*En vente libre.*
*2 à 8 ampoules par jour pendant 10 à 30 jours.*
**Dopant musculaire**

Même type de produit que le précédent, stimulant antifatigue de sécurité.

**\* MAG 2** « *pidolate de magnésium* »

*En vente libre.*
*2 à 6 ampoules par jour ou 2 à 3 injections I.V. par jour pendant 20 à 90 jours.*
**Dopant cérébral et musculaire**

Le magnésium, clé de l'excitabilité neuromusculaire, intervient dans de nombreuses réactions énergétiques. Indispensable en cas de fatigue nerveuse ou musculaire.

**\* MAGNE B6** « *lactate de magnésium, vitamine B6* »

*En vente libre.*
*4 à 6 comprimés par jour pendant 30 à 90 jours.*
**Dopant cérébral et musculaire**

Pour ceux qui préfèrent des comprimés, un magnésium suractivé par la vitamine B6.

## MAGNÉSO-TUBES ROBINET « *sels de magnésium* »

*En vente libre.*
*2 tubes par jour pendant 30 à 90 jours.*
**Dopant cérébral et musculaire**

Du magnésium en poudre pour les amateurs...

## MAGNÉSPASMYL 50 « *lactate de magnésium* »

*En vente libre.*
*4 à 6 comprimés par jour pendant 30 à 90 jours.*
**Dopant cérébral et musculaire**

Encore du magnésium, mais ici sans associé.

## MAGNOGÈNE « *sels de magnésium* »

*En vente libre.*
*4 à 6 comprimés par jour pendant 30 à 90 jours.*
**Dopant cérébral et musculaire**

Toujours du magnésium, celui-ci dans un assortiment de différents sels composés.

## MARINOL « *extraits d'algues* »

*En vente libre.*
*2 à 4 comprimés par jour pendant 10 à 60 jours.*
**Dopant musculaire et cérébral**

Apporte à domicile les bienfaits des algues marines et de leurs sels minéraux (iode, phosphore). Tonique général, stimulant de l'humeur,

## * MÉGAMAG « *sels de magnésium* »

*En vente libre.*
*4 à 6 comprimés par jour pendant 30 à 90 jours.*
**Dopant cérébral et musculaire**

Différents sels de magnésium complétés par des acides aminés, des acides nucléiques et de la vitamine C. Stimulant et rééquilibrant du système nerveux central.

## MÉGASTHÉNYL « *sels minéraux, extraits glandulaires* »

*En vente libre. Prise matinale.*
*2 à 3 ampoules par jour pendant 30 à 90 jours.*
**Dopant cérébral et musculaire**

Un tonique du matin pour une journée pleine d'entrain.

## ** MICORÈNE « *cropropamide, crotétamide* »

*En vente libre. Interdit aux enfants. Interdit aux femmes enceintes. Interdit aux sportifs en compétition. Abus dangereux.*
*2 à 4 injections I.V. ou I.M. par jour pendant 3 à 7 jours.*
**Dopant musculaire et cérébral**

Le Micorène stimule la respiration et le système nerveux central. Utilisé comme traitement de l'insuffisance respiratoire, il aide à conserver une activité physique intense immédiatement disponible. L'accroissement de l'oxygénation musculaire et cérébrale, permet des performances remarquables, d'autant que ce produit est également un stimulant de la volonté.

**\* MODÉRATAN** « *amfépramone* »

*Avec ordonnance, tableau A. Interdit aux enfants. Interdit aux femmes enceintes. Interdit aux sportifs en compétition. Abus dangereux.*
*2 comprimés par jour pendant 20 à 60 jours.*
**Dopant cérébral**

Anorexigène (coupe-faim), parent des amphétamines, psychostimulant, euphorisant.

**\* MYOVITON** « *vitamine B6, triphosadénine* »

*En vente libre. Prise matinale.*
*2 à 4 comprimés par jour pendant 20 à 60 jours.*
**Dopant musculaire**

Apport énergétique intense grâce à la triphosadénine, nucléotide constituant des cellules musculaires.

**\* NAFTILUX 200** « *naftidrofuryl* »

*Avec ordonnance, tableau C. Interdit aux enfants. Interdit aux femmes enceintes.*
*2 comprimés par jour pendant 30 à 60 jours.*

**Dopant cérébral**

Stimulant du métabolisme énergétique neuronal et vasodilatateur cérébral. Améliore la mémoire et la concentration, régularise le sommeil.

* **NARBALEK** « *sels de fer, sels minéraux, vitamines B* »

*En vente libre.*
*3 à 5 comprimés par jour pendant 10 à 20 jours.*
**Dopant musculaire**

Association originale de sels de fer, de vitamines du groupe B et de magnésium. Combat la fatigabilité musculaire, les pertes de tonus et les baisses de vitalité.

**NATI K** « *tartrate de potassium* »

*En vente libre.*
*3 à 6 comprimés par jour pendant 10 à 30 jours.*
**Dopant musculaire**

Un apport supplémentaire en potassium, permet de combattre la fatigue musculaire et de faire disparaître les crampes.

* **NÉOSYNÉPHRINE BADRIAL** « *phényléphrine* »

*En vente libre. Interdit aux enfants. Interdit aux femmes enceintes. Abus dangereux.*
*90 gouttes ou 3 à 4 comprimés par jour pendant 10 à 30 jours.*

163

**Dopant musculaire et cérébral**

Fait remonter la tension artérielle et redonne de l'énergie si vos batteries sont épuisées.

## NERGITONE « *acides aminés, vitamine B12, extraits glandulaires* »

*En vente libre.*
*2 à 4 ampoules par jour pendant 20 à 40 jours.*
**Dopant musculaire**

Tonifiant musculaire, énergétique et fiable.

## NEUROSTHÉNOL « *acides aminés, sels minéraux* »

*En vente libre. Prendre l'après-midi.*
*2 ampoules par jour pendant 20 à 40 jours.*
**Dopant musculaire**

Acides aminés, sels minéraux reconstituent l'énergie physique.

## NÉVROSTHÉNINE GLYCOCOLLE « *sels minéraux, glycine* »

*En vente libre. Prendre l'après-midi.*
*2 à 4 sachets par jour pendant 20 à 40 jours.*
**Dopant musculaire**

Phosphore, sodium, potassium et glycine aident à combattre les fatigues passagères.

## NICICALCIUM « sels minéraux, vitamines C et PP »

*En vente libre. Prendre Prendre l'après-midi.*
*2 à 3 ampoules par jour pendant 20 à 40 jours.*
**Dopant musculaire et cérébral**

Un autre fortifiant polyvalent.


## NICORET 2 mg « résinate de nicotine »

*Avec ordonnance, tableau A. Interdit aux enfants. Interdit aux femmes enceintes. Interdit aux sportifs en compétition.*
*10 à 30 gommes à mâcher par jour pendant 30 à 180 jours.*
**Dopant cérébral**

Une gomme à mâcher à la nicotine qui conserve les propriétés stimulantes du tabac sans les effets secondaires de la fumée. Du tabac à chiquer, en somme.


## * NOOTROPYL « piracétam »

*Avec ordonnance, tableau C. Interdit aux enfants. Interdit aux femmes enceintes. Abus dangereux.*
*6 comprimés ou 3 injections I.V. par jour pendant 30 à 90 jours.*
**Dopant cérébral**

Oxygénateur cérébral, améliore les performances intellectuelles, mémorisation, attention, concentration, vigilance.

## NOVITAN « procaïne, hématoporphyrine »

*En vente libre. Interdit aux enfants. Interdit aux femmes enceintes. Prise matinale.*
*2 à 3 comprimés par jour pendant 60 à 150 jours.*
**Dopant cérébral**

Stimule la circulation cérébrale et l'oxygénation cellulaire, augmente la résistance à la fatigue, la concentration et la mémoire.

## \* NOVOCORTEX « extrait de cortico-surrénale »

*En vente libre. Interdit aux femmes enceintes.*
*30 à 100 gouttes par jour pendant 30 à 60 jours.*
**Dopant musculaire**

Extraits naturels contenant la totalité des principes actifs de la glande surrénale. Permet de lutter contre le stress et le surmenage physique ou intellectuel.

## NOVODIL « cyclandélate »

*En vente libre. Interdit aux enfants. Interdit aux femmes enceintes.*
*4 à 6 comprimés par jour pendant 30 à 60 jours.*
**Dopant cérébral**

Augmente le calibre des artères cérébrales et permet de mieux résister à la fatigue nerveuse tout en développant ses facultés de mémorisation.

## NUCLÉVIT B12 « *acides nucléiques, sels minéraux, vitamine B12* »

*En vente libre. Prise matinale.*
*2 à 4 ampoules par jour pendant 20 à 60 jours.*
**Dopant musculaire**

L'apport de nucléotides, de fer, de manganèse, de cuivre et de vitamine B12, efface les fatigues passagères et stimule la résistance de l'organisme.

## NUTRIGÈNE « *sels minéraux, vitamines, acides nucléiques* »

*En vente libre.*
*4 à 8 comprimés par jour pendant 30 à 60 jours.*
**Dopant musculaire**

Utiles pour aider à passer un cap difficile, ces comprimés bicolores, bleus le matin et bruns le soir, combattent l'usure cellulaire.

## * ŒSTROGEL « *estradiol* »

*Avec ordonnance, tableau C. Interdit aux enfants. Interdit aux femmes enceintes. Abus dangereux.*
*1 dose par jour en application externe pendant 25 jours par mois.*
**Dopant musculaire, cérébral et sexuel féminin**

Chez les femmes en préménopause, les œstrogènes, ici en application externe sur l'abdomen,

167

ont des propriétés tonifiantes musculaires et cérébrales. Ils combattent l'ostéoporose, maintiennent la trophicité du tractus génital et stimulent la libido féminine.

## OLIGOCURE « *manganèse, cuivre, or* »

*En vente libre. Prise matinale.*
*1 dose par jour pendant 20 à 60 jours.*
**Dopant musculaire**

Association d'oligo-éléments stimulants.

## CUIVRE OR ARGENT OLIGOSOL « *cuivre, or, argent* »

*En vente libre. Prise matinale.*
*2 doses par jour pendant 20 à 60 jours.*
**Dopant musculaire**

Autre association d'oligo-éléments destinés à relancer les défenses de l'organisme et à retarder le vieillissement.

## ** OLMIFON « *adrafinil* »

*Avec ordonnance, tableau C. Interdit aux enfants. Interdit aux femmes enceintes. Abus dangereux. Prendre avant 16 h.*
*3 à 4 comprimés par jour pendant 20 à 60 jours.*
**Dopant cérébral**

Psychostimulant non-amphétaminique augmentant l'éveil et la vigilance. Redonne le goût d'agir, combat la tristesse et le repli sur soi.

## OPOCALCIUM « *extraits glandulaires, calcium* »

*En vente libre.*
*2 à 4 cuillères à café par jour pendant 30 à 60 jours.*
**Dopant musculaire**

Combat la fatigue musculaire.

## OPOCALCIUM VITAMINE D « *extraits glandulaires, calcium, vitamine D* »

*En vente libre.*
*2 à 4 cuillères à café par jour pendant 20 à 40 jours.*
**Dopant musculaire**

Combat la fatigue musculaire. L'adjonction de vitamine D stimule la minéralisation osseuse.

## OPTAMINE « *dihydroergotoxine* »

*Avec ordonnance, tableau C. Interdit aux enfants. Interdit aux femmes enceintes. Abus dangereux.*
*100 à 150 gouttes par jour pendant 30 à 90 jours.*
**Dopant cérébral**

Psychostimulant actif sur l'humeur, la vigilance et la mémoire.

## ** ORDINATOR « *fénozolone* »

*Avec ordonnance, tableau A. Interdit aux enfants. Interdit aux femmes enceintes. Abus dangereux. Prise matinale.*
*2 à 4 comprimés par jour pendant 20 à 60 jours.*
**Dopant cérébral**

Psychostimulant puissant, non-amphétaminique, améliore la mémoire et le rendement intellectuel.


## OSTÉINE C 500 et C 150 « *minéraux, vitamine C* »

*En vente libre.*
*2 à 4 sachets par jour pendant 20 à 60 jours.*
**Dopant musculaire**

Apport de nombreux minéraux et de vitamine C, à la fois énergétique et tonifiant.


## OVESTIN « *estriol* »

*Avec ordonnance, tableau C. Interdit aux enfants. Interdit aux femmes enceintes. Abus dangereux.*
*2 à 4 comprimés par jour pendant 15 jours par mois.*
**Dopant sexuel féminin**

Œstrogène naturel, stimule la libido féminine en période préménopausique. Procure une sensation de bien-être général.

## OXADILÈNE « *butalamine, papavérine* »

*Avec ordonnance, tableau A. Interdit aux enfants. Interdit aux femmes enceintes. Abus dangereux.*
*2 à 4 comprimés par jour pendant 30 à 60 jours.*
**Dopant cérébral**

Vasodilatateur qui stimule l'oxygénation cérébrale et favorise les processus intellectuels.

## OXOVINCA « *vincamine* »

*Avec ordonnance, tableau C. Interdit aux enfants. Interdit aux femmes enceintes. Abus dangereux.*
*2 à 3 comprimés ou 60 à 90 gouttes par jour pendant 30 à 60 jours.*
**Dopant cérébral**

Oxygénateur cérébral qui maintient l'éveil et augmente la clarté d'esprit.

## * PANCLAR « *déanol* »

*En vente libre. Abus dangereux. Prise matinale.*
*1 à 4 ampoules par jour pendant 30 à 60 jours.*
**Dopant cérébral**

Psychostimulant doux, non-amphétaminique convenant également aux enfants, stimule l'humeur et l'idéation, aide la mémoire et le raisonnement.

## * PARABOLAN « *trenbolone* »

*Avec ordonnance, tableau C. Interdit aux enfants. Interdit aux femmes enceintes. Interdit aux sportifs en compétition. Abus dangereux.*
*3 injections I.M. par mois pendant 3 mois.*
**Dopant musculaire et sexuel masculin**

Hormone mâle de synthèse, stimule la croissance musculaire, combat la fatigue chronique et favorise la sexualité masculine.

## * PARGINE « *L-aspartate de L-arginine* »

*En vente libre.*
*1 à 3 ampoules par jour pendant 30 à 90 jours.*
**Dopant musculaire**

Stimulant de la croissance musculaire et générale, surtout utile chez l'enfant et l'adolescent car il augmente la sécrétion d'hormone de croissance.

## * PARLODEL « *bromocriptine* »

*Avec ordonnance, tableau A. Interdit aux enfants. Interdit aux femmes enceintes. Abus dangereux.*
*2 à 4 comprimés par jour pendant 30 à 90 jours.*
**Dopant sexuel masculin et féminin**

En freinant la production de prolactine, ce médicament stimule les fonctions sexuelles. Il améliore les baisses de la libido chez les femmes et combat les impuissances masculines.

## PASTILLES JESSEL « *vitamines A et D* »

*En vente libre.*
*4 à 8 comprimés par jour pendant 30 à 60 jours.*
**Dopant musculaire**

Deux vitamines défatigantes.

## PERCUTAFÉINE « *caféine* »

*En vente libre. Interdit aux enfants. Interdit aux femmes enceintes. Interdit aux sportifs en compétition.*
*1 à 2 applications locales par jour pendant 30 à 60 jours.*
**Dopant cérébral**

La caféine, stimulant cérébral favorisant l'éveil. En application locale, elle a la propriété de faire disparaître la cellulite localisée. Une dose correspond à l'ingestion d'une tasse de café.

## PÉRÉNAN « *dihydroergotoxine* »

*Avec ordonnance, tableau C. Interdit aux enfants. Interdit aux femmes enceintes. Abus dangereux.*
*2 comprimés ou 90 gouttes par jour pendant 30 à 90 jours.*
**Dopant cérébral**

Vasodilatateur et oxygénateur cérébral, stimulant des fonctions intellectuelles.

## PÉRIACTINE « *cyproheptadine* »

*En vente libre. Interdit aux femmes enceintes.*
*1 à 3 comprimés par jour pendant 30 à 60 jours.*
**Dopant musculaire**

Stimulant de l'appétit, aide à combattre la fatigue et à fortifier la musculature, mais peut parfois rendre somnolent.

## PERVINCAMINE « *vincamine* »

*Avec ordonnance, tableau C. Interdit aux enfants. Interdit aux femmes enceintes. Abus dangereux.*
*4 à 6 comprimés ou 1 à 2 injections I.M. par jour pendant 30 à 90 jours.*
**Dopant cérébral**

Relance le métabolisme des cellules nerveuses et stimule la mémoire, la concentration et la vigilance.

## * PERVINCAMINE FORTE RETARD « *vincamine, vitamine C* »

*Avec ordonnance, tableau C. Interdit aux enfants. Interdit aux femmes enceintes.*
*3 à 6 comprimés par jour pendant 30 à 60 jours.*
**Dopant cérébral**

Un dosage doublé par rapport au précédent. Adjonction de vitamine C qui potentialise les effets stimulants de ce médicament.

* **PHOSAROME** « *extraits de kola, sels minéraux* »

*En vente libre.*
*1 à 3 cuillères à café par jour pendant 30 à 60 jours.*
**Dopant musculaire, cérébral et sexuel masculin**

Tonifiant général, le kola, bon pour les intellectuels et les sportifs, favorise l'éveil et l'activité musculaire. Possède également une action coupe-faim et stimulante sur la libido.


**PHOSCLÉINE** « *vitamine D2, calcium, phosphore* »

*En vente libre. Interdit aux femmes enceintes.*
*2 comprimés par jour pendant 30 à 60 jours.*
**Dopant musculaire**

Défatigant par stimulation de la minéralisation.


**PHOSMA GLUTAMIQUE** « *acides aminés, sels minéraux, extraits de plantes* »

*En vente libre. Interdit aux enfants. Interdit aux femmes enceintes.*
*4 à 8 cuillères à soupe par jour pendant 30 à 60 jours.*
**Dopant musculaire et sexuel masculin**

Combat le surmenage physique et intellectuel. Contient de l'alcool mais aussi de la cannelle dont les propriétés aphrodisiaques sont bien établies.

**PHOSMA-HÉMATOPORPHYRINE** « *hémato-porphyrine, sels minéraux, extraits de plantes* »

*En vente libre. Interdit aux enfants. Interdit aux femmes enceintes.*
*3 ampoules par jour pendant 30 à 60 jours.*
**Dopant musculaire**

Propriétés proches du précédent, l'adjonction d'hématoporphyrine stimule le renouvellement des globules rouges.


**PHOSPHOVÉOL vitamine C 500** « *phosphore, calcium, vitamine C* »

*En vente libre. Prendre avant 16 h.*
*4 ampoules par jour pendant 20 à 60 jours.*
**Dopant musculaire et cérébral**

Apport énergétique qui fait reculer le seuil de la fatigue cérébrale et musculaire.


**\* PHOSPARTAN** « *acides nucléiques, sels minéraux, vitamine B12* »

*En vente libre.*
*1 à 3 ampoules doubles par jour pendant 30 à 60 jours.*
**Dopant musculaire et cérébral**

Stimule le métabolisme cérébral, combat la fatigue, favorise l'activité intellectuelle, améliore l'humeur. Produit d'action rapide.

## PHOSPHONEUROL « *sels de phosphore* »

*En vente libre.*
*100 à 200 gouttes par jour pendant 30 à 60 jours.*
**Dopant musculaire et cérébral**

Un apport phosphoré massif corrige les fuites calciques et améliore le métabolisme cérébral.

## PHOSPHORE SANDOZ « FORTE » « *sels de phosphore* »

*En vente libre.*
*2 comprimés effervescents par jour pendant 10 à 30 jours.*
**Dopant musculaire et cérébral**

Autre forme d'apport phosphoré pour stimuler les fonctions cérébrales.

## * PLACENTAFIL « *extrait placentaire humain* »

*En vente libre. Interdit aux enfants. Interdit aux femmes enceintes.*
*1 injection I.M. par jour pendant 20 à 30 jours.*
**Dopant musculaire cérébral et sexuel masculin**

Extraits de placenta préparés selon la méthode de Filatov. Méthode de revitalisation qui produit des effets positifs rapides sur le sommeil et la libido. Tonification de l'état général et retour de la grande forme.

## PLASMARINE « iode, sels minéraux »

*En vente libre. Interdit aux femmes enceintes.*
*1 à 3 cuillères à dessert par jour pendant 20 à 40 jours.*
**Dopant musculaire et cérébral**

Reconstituant général. L'iode stimule la glande thyroïde.

## PLÉBÉ « vitamines C et B6, sels minéraux »

*En vente libre. Prise matinale.*
*1/2 à 2 ampoules par jour pendant 20 à 40 jours.*
**Dopant musculaire**

Formule classique associant vitamines et sels minéraux pour leurs propriétés énergétiques.

## PLURIFACTOR « vitamines B, acides aminés »

*En vente libre.*
*4 à 6 comprimés par jour pendant 20 à 40 jours.*
**Dopant musculaire**

Un autre composé tonifiant.

## POLYTONYL adulte et enfant « acides aminés, sels minéraux, vitamines »

*En vente libre.*
*2 à 3 ampoules par jour pendant 20 à 40 jours.*
**Dopant musculaire**

Apport équilibré de facteurs énergétiques.

## POLYVITAMINES ET OLIGO-ÉLÉMENTS LEDERLÉ « *vitamines, sels minéraux, oligo-éléments* »

*En vente libre. Interdit aux femmes enceintes.*
*1 à 2 comprimés par jour pendant 15 à 45 jours.*
**Dopant musculaire**

Une formule tonifiante très complète, d'emploi simple.


## POLYVITAMINES ET OLIGO-ÉLÉMENTS VITAMINE C 600 LEDERLÉ « *polyvitamines* »

*En vente libre.*
*1 comprimé par jour pendant 15 à 45 jours.*
**Dopant musculaire**

La formule précédente, enrichie en vitamine C, donc plus énergétique.


## POLYVITAMINES ET OLIGO-ÉLÉMENTS VITAMINE C 600-FER LEDERLÉ « *polyvitamines, fer* »

*En vente libre.*
*1 comprimé par jour pendant 15 à 45 jours.*
**Dopant musculaire**

Même formule, encore améliorée par l'adjonction de fer.

## * PONDINIL ROCHE « méfénorex »

*Avec ordonnance, tableau A. Interdit aux enfants. Interdit aux femmes enceintes. Interdit aux sportifs en compétition. Abus dangereux. Prise matinale.*
*1 à 2 comprimés par jour pendant 30 à 45 jours.*
**Dopant cérébral**

Anorexigène (coupe-faim) psychostimulant parent des amphétamines. Réduit l'appétit, stimule l'éveil, permet d'éliminer la sensation de fatigue.


## * PRAXILÈNE « naftidrofuryl »

*Avec ordonnance, tableau C. Interdit aux enfants. Interdit aux femmes enceintes. Abus dangereux.*
*2 à 3 comprimés (200 mg) par jour ou 1 à 2 injections I.M. (40 mg) par jour pendant 20 à 90 jours.*
**Dopant cérébral**

Vasodilatateur et oxygénateur cérébral. Stimule la mémoire et l'efficience intellectuelle.


## * PRAXINOR « théodrénaline, cafédrine »

*Avec ordonnance, tableau C. Interdit aux enfants. Interdit aux femmes enceintes. Abus dangereux. Prise matinale.*
*2 à 4 comprimés par jour pendant 20 à 40 jours.*
**Dopant musculaire**

Stimulant cardiovasculaire. Fait remonter la tension artérielle et chasse la sensation de fatigue. Augmente la résistance à l'effort.

# * PRÉFAMONE Chronules « *amfépramone* »

*Avec ordonnance, tableau A. Interdit aux enfants. Interdit aux femmes enceintes. Interdit aux sportifs en compétition. Abus dangereux.*
*1 comprimé par jour pendant 15 à 45 jours.*
**Dopant cérébral**

Anorexigène possédant des propriétés psychostimulantes. La réduction de l'appétit s'accompagne d'une élévation du niveau de vigilance et d'une stimulation des fonctions cérébrales.

# PRÉORTAN « *ornithine-carbamyl-transférase* »

*En vente libre.*
*2 injections I.M. par jour pendant 3 à 14 jours.*
**Dopant musculaire**

Apport d'une protéine enzymatique stimulante en cas d'insuffisance hépatique.

# * PROCAÏNE BIOSTABILEX « *procaïne* »

*Avec ordonnance, tableau C. Interdit aux enfants. Interdit aux femmes enceintes. Abus dangereux.*
*1 à 2 injections I.M. par jour pendant 20 à 40 jours.*
**Dopant musculaire cérébral et sexuel masculin**

Vasodilatateur, la procaïne lutte contre le vieillissement cérébral. Meilleur tonus général, amélioration de l'appétit, y compris l'appétit sexuel!

## ** PROGÉRIL « *dihydroergotoxine, papavérine* »

*Avec ordonnance, tableau A. Interdit aux enfants. Interdit aux femmes enceintes. Abus dangereux.*
*90 à 150 gouttes par jour pendant 30 à 60 jours.*
**Dopant cérébral et sexuel masculin**

Association d'un alpha-bloquant et d'un vaso-dilatateur qui stimulent les fonctions cérébrales, en particulier la mémoire et l'attention. Permet d'obtenir une vasodilatation au niveau de la verge en cas de difficultés d'érection.

## * PROGÉRIL RETARD « *dihydroergotoxine, papavérine* »

*Avec ordonnance, tableau A. Interdit aux enfants. Interdit aux femmes enceintes. Abus dangereux.*
*2 comprimés par jour pendant 30 à 60 jours.*
**Dopant cérébral**

Même produit que le précédent mais d'une durée d'action répartie sur 24 heures.

## * PROMOTIL « *prolintane* »

*Avec ordonnance, tableau C. Interdit aux femmes encein-tes. Interdit aux sportifs en compétition. Abus dangereux. Prendre avant 16 h.*
*2 à 3 comprimés par jour pendant 20 à 60 jours.*
**Dopant cérébral**

Psychostimulant non-amphétaminique, aug-

mente le niveau de vigilance et fait reculer le
seuil de la fatigue.

## PYRIDOSCORBINE *« vitamines B6 et C »*

*En vente libre. Prise matinale.*
*2 à 3 ampoules par jour pendant 20 à 40 jours.*
**Dopant musculaire**

Association de deux vitamines énergétiques et
tonifiantes.

## * REVITALOSE  C 1000  *« extraits  glandulaires, vitamine C »*

*En vente libre. Prise matinale.*
*2 ampoules doubles par jour pendant 20 à 40 jours.*
**Dopant musculaire et cérébral**

Apport énergétique, détoxicant et stimulant
musculaire et nerveux.

## REXORUBIA *« principes homéopathiques »*

*En vente libre.*
*1 à 3 cuillères à café par jour pendant 30 à 90 jours.*
**Dopant musculaire**

Association équilibrée de principes homéopa-
thiques reminéralisants et tonifiants.

**RUTOVINCINE** « *fraction vincique, troxérutine, vitamine C* »

*Avec ordonnance, tableau C. Interdit aux enfants. Interdit aux femmes enceintes. Abus dangereux.*
*2 à 3 comprimés par jour pendant 30 à 90 jours.*
**Dopant cérébral**

Vasodilatateur cérébral et stimulant de l'éveil cérébral, améliore la mémoire, la concentration et régularise le sommeil.


**\* SARGÉNOR** « *L-aspartate de L-arginine* »

*En vente libre.*
*2 à 3 ampoules par jour pendant 20 à 60 jours.*
**Dopant musculaire**

Produit tonifiant aux résultats bien éprouvés. Apport d'acides aminés stimulants du métabolisme cellulaire.


**\* SECTRAL 200** « *acébutolol* »

*Avec ordonnance, tableau A. Interdit aux enfants. Interdit aux femmes enceintes. Interdit aux sportifs en compétition. Abus dangereux.*
*1 à 2 comprimés par jour pendant 2 à 15 jours.*
**Dopant antitrac**

Un autre bêta-bloquant, utile pour supprimer le trac et renforcer la stabilité émotionnelle.

**\* SÉDO-CARÉNA** *« aminophylline, papavérine, phénobarbital »*

*En vente libre. Interdit aux enfants. Interdit aux femmes enceintes. Abus dangereux.*
*2 à 6 comprimés par jour pendant 10 à 30 jours.*
**Dopant cérébral**

Stimulant cardiaque et respiratoire, augmente la ventilation et favorise l'éveil du système nerveux central permettant des efforts plus intenses et soutenus.

**SÉGOLAN** *« dihydroergotoxine »*

*Avec ordonnance, tableau C. Interdit aux enfants. Interdit aux femmes enceintes. Abus dangereux.*
*90 à 120 gouttes par jour pendant 30 à 90 jours.*
**Dopant cérébral**

Vasodilatateur cérébral, stimule le métabolisme des neurones. Améliore la mémoire et l'activité psychique.

**SERMION et SERMION LYOC** *« nicergoline »*

*Avec ordonnance, tableau C. Interdit aux enfants. Interdit aux femmes enceintes. Abus dangereux.*
*3 comprimés par jour pendant 20 à 60 jours.*
**Dopant cérébral**

Vasodilatateur cérébral alpha-bloquant, stimule la mémoire, l'attention et la vigilance.

* **SERMION** *injectable « nicergoline »*

*Avec ordonnance, tableau C. Interdit aux enfants. Interdit aux femmes enceintes. Abus dangereux.*
*2 à 6 injections I.M. ou I.V. par jour pendant 5 à 15 jours.*
**Dopant cérébral et sexuel masculin**

Propriétés semblables au précédent, mais action plus intense et plus rapide. En injections locales dans la verge (associés à la papavérine) les alpha-bloquants obtiennent des résultats brillants dans les impuissances physiques ou psychologiques.

* **SIMACTIL 4,5 mg** *« dihydroergocornine, – cristine, – cryptine A et B »*

*Avec ordonnance, tableau C. Interdit aux enfants. Interdit aux femmes enceintes. Abus dangereux. Prise matinale.*
*1 comprimé par jour pendant 30 à 90 jours.*
**Dopant cérébral**

Vasodilatateur cérébral, stimule l'humeur, la vigilance, la mémoire et combat la fatigue. Pratique car il suffit d'une prise unique.

**SOLU-CAMPHRE** *« camsilate de pipérazine »*

*En vente libre. Interdit aux femmes enceintes.*
*25 à 120 gouttes par jour ou 2 à 4 injections I.M. ou I.V. par jour pendant 7 à 30 jours.*

**Dopant musculaire**

Stimulant cardio-vasculaire, lutte contre l'épuisement et redonne du tonus.

## SOLUMAG « *pidolate de magnésium* »

*En vente libre.*
*1 à 3 sachets par jour pendant 30 à 90 jours.*
**Dopant musculaire et cérébral**

Magnésothérapie spécifique, combat la fatigue nerveuse et musculaire.

## SOLURUTINE PAPAVÉRINE F RETARD
« *éthoxazorutoside, papavérine, vitamine C* »

*Avec ordonnance tableau A. Interdit aux enfants. Interdit aux femmes enceintes. Abus dangereux.*
*4 à 6 comprimés par jour pendant 30 à 90 jours.*
**Dopant cérébral**

Vasodilatateur cérébral, stimule l'idéation et la mémoire.

## SPASMAG « *magnésium et levures* »

*En vente libre.*
*3 ampoules par jour ou 4 à 6 comprimés par jour pendant 30 à 90 jours.*
**Dopant musculaire et cérébral**

Magnésothérapie antifatigue.

**SPÉCYTON** cerveau-moelle « *extraits organiques* »

*En vente libre.*
*1 suppositoire par jour pendant 30 à 60 jours.*
**Dopant musculaire et cérébral**

Un des rares tonifiants utilisables en suppositoires.

**\* STAPOROS** « *calcitonine* »

*Avec ordonnance tableau C. Interdit aux enfants. Interdit aux femmes enceintes. Abus dangereux.*
*3 à 6 injections I.M. par semaine pendant 30 à 90 jours.*
**Dopant musculaire**

Hormone d'épargne calcique, combat la fatigue chronique due à des troubles du métabolisme du calcium.

**STÉROGYL** gouttes « *vitamine D2* »

*En vente libre. Prise matinale.*
*10 à 20 gouttes par jour pendant 10 à 40 jours.*
**Dopant musculaire et cérébral**

La vitamine D favorise l'absorption et la fixation du calcium, combattant les fatigues nerveuses et musculaires.

**\* STÉROGYL 15 H et A** « *vitamine D2* »

*Avec ordonnance, tableau C.*
*1 ampoule buvable par mois. 3 à 6 ampoules par an.*

**Dopant musculaire et cérébral**

La même vitamine D, à dose unique buvable, de durée d'action prolongée.

## STIMOL « maléate de citruline »

*En vente libre.*
*3 ampoules par jour pendant 20 à 60 jours.*
**Dopant musculaire**

Acides aminés énergétiques d'impact musculaire.

## STIMUTONYL « sels minéraux »

*En vente libre.*
*1 à 2 ampoules par jour pendant 20 à 60 jours.*
**Dopant musculaire**

Association de sels minéraux, dont le phosphore, le calcium et le manganèse. Défatigant général.

## * STIVANE « pirisudanol »

*En vente libre. Prise matinale.*
*4 à 6 comprimés par jour pendant 10 à 30 jours.*
**Dopant cérébral**

Psychostimulant non-amphétaminique, stimule l'attention et la vigilance. Améliore le métabolisme des cellules nerveuses.

* **STOPASTHME** « *éphédrine* »

> *En vente libre. Interdit aux sportifs en compétition. Abus dangereux.*
>
> *3 à 6 comprimés par jour pendant 10 à 20 jours.*
>
> **Dopant cérébral**

L'éphédrine, utilisée habituellement pour le traitement de l'asthme, dilate les bronches et stimule le psychisme. La respiration plus ample favorise la mise en action; la confiance en soi augmente, la fatigue diminue ou disparaît.


* **STRIADYNE** injectable intramusculaire « *triphosadénine* »

> *En vente libre.*
>
> *2 à 3 injections I.M. par jour pendant 5 à 20 jours.*
>
> **Dopant musculaire**

Apport massif d'ATP, nucléotide énergétique des cellules, dynamise et redonne les possibilités et le goût de l'action.


* **STRIADYNE FORTE** « *triphosadénine* »

> *En vente libre.*
>
> *4 à 8 comprimés par jour pendant 20 à 40 jours.*
>
> **Dopant musculaire**

Le même que le précédent mais à prendre par voie buccale.

**SURÉLEN** Adulte « *vitamines, extraits de surré-nales, acides nucléiques* »

*En vente libre. Interdit aux enfants. Prendre avant 16 h.*
*1 à 2 doses par jour pendant 20 à 40 jours.*
**Dopant musculaire**

Les extraits de glandes cortico-surrénales constituent l'originalité de ce produit, complété par des nucléotides et des vitamines énergétiques. Stimulant physique de fond.

**SURÉLEN** Enfant « *vitamines, extraits de surré-nales, acides nucléiques* »

*En vente libre. Prendre avant 16 h.*
*1 à 2 doses par jour pendant 20 à 40 jours.*
**Dopant musculaire**

Le même que le précédent mais en dosage enfant.

**\* SUREPTIL** « *cinnarizine, heptaminol* »

*Avec ordonnance, tableau C. Interdit aux femmes encein-tes. Abus dangereux.*
*3 comprimés ou 6 ml par jour (enfants 2 à 4 ml par jour) pendant 20 à 60 jours.*
**Dopant cérébral**

Augmente l'oxygénation cérébrale, stimule le cœur et les vaisseaux, renforce la mémoire et l'idéation. Un des rares produits de ce type utilisable chez les enfants.

# SURFORTAN « *acides aminés, vitamines B6* »

*En vente libre.*
*1 à 3 ampoules par jour pendant 20 à 40 jours.*
**Dopant musculaire**

De nombreux acides aminés essentiels renforcent le métabolisme énergétique des cellules.


# SURHÈME « *butalamine* »

*Avec ordonnance, tableau C. Interdit aux enfants. Interdit*
*aux femmes enceintes. Abus dangereux.*
*6 comprimés par jour pendant 30 à 90 jours.*
**Dopant cérébral**

Vasodilatateur stimulant de l'oxygénation cérébrale et des fonctions psychiques.


# SURVITINE « *polyvitamines, oligo-éléments* »

*En vente libre.*
*3 à 4 comprimés par jour pendant 20 à 40 jours.*
**Dopant musculaire**

Association préventive des carences multiples, entretient la forme et le tonus musculaire.


# SYNACTÈNE « *tétracosactide* »

*Avec ordonnance, tableau A. Interdit aux enfants. Interdit*
*aux femmes enceintes. Abus dangereux. Prise matinale.*
*1 injection I.M. par jour pendant 3 jours.*
**Dopant musculaire et cérébral**

Stimule et relance l'activité des glandes cortico-surrénales (celles qui sécrètent la cortisone). Lutte contre le stress, euphorise, renforce la volonté et dynamise l'organisme.

## TANAKAN « *extrait de ginkgo biloba* »

*En vente libre. Interdit aux enfants. Interdit aux femmes enceintes. Abus dangereux.*
*3 doses par jour pendant 30 à 90 jours.*
**Dopant cérébral**

Augmente l'irrigation artérielle des tissus, active le métabolisme énergétique des cellules nerveuses, stimule la mémoire, l'efficience intellectuelle, la vigilance et l'humeur.

## TARDYFÉRON « *sels de fer, vitamine C* »

*En vente libre. Interdit aux enfants. Interdit aux femmes enceintes. Abus dangereux. Prendre avant 16 h.*
*1 à 2 comprimés par jour pendant 30 à 90 jours.*
**Dopant musculaire**

Reconstitue les réserves de fer de l'organisme.

## TÉNORMINE « *aténolol* »

*Avec ordonnance, tableau A. Interdit aux enfants. Interdit aux femmes enceintes. Interdit aux sportifs en compétition. Abus dangereux.*
*1 à 2 comprimés par jour pendant 3 à 10 jours.*
**Dopant antitrac**

Bêta-bloquant sélectif, utile comme antitrac en périodes brèves.

## * TÉNUATE DOSPAN « *amfépramone* »

*Avec ordonnance, tableau A. Interdit aux enfants, aux femmes enceintes et aux sportifs en compétition. Abus dangereux. Prise matinale.*
*1 comprimé par jour pendant 15 à 30 jours.*
**Dopant cérébral et sexuel masculin**

Anorexigène (coupe-faim) à durée d'action prolongée. Psychostimulant indirect parent des amphétamines, stimule la volonté, l'éveil, la confiance en soi, diminue la sensation de fatigue. Lutte contre l'impuissance.

## * TESTOSTÉRONE RETARD THÉRAMEX « *testostérone* »

*Avec ordonnance, tableau C. Interdit aux enfants, aux femmes enceintes et aux sportifs en compétition. Abus dangereux.*
*1 injection I. M. tous les 15 jours, 2 à 4 injections au total.*
**Dopant musculaire et sexuel masculin**

Hormone mâle naturelle, stimule la libido et la volonté. Permet d'accroître la masse musculaire, fait reculer le seuil de la fatigue.

# Heptylate de **TESTOSTÉRONE THÉRAMEX**
« *testostérone* »

*Avec ordonnance, tableau C. Interdit aux enfants, aux femmes enceintes et aux sportifs en compétition. Abus dangereux.*
*1 injection I.M. tous les 15 jours. 2 à 6 injections maximum.*
**Dopant musculaire et sexuel masculin**

Semblable au précédent, mais la durée d'action de chaque injection est plus courte (20 jours au lieu de 35 jours).

# \* **THÉOSTAT 100 mg et 300 mg** « *théophylline* »

*En vente libre. Interdit aux femmes enceintes. Abus dangereux.*
*2 à 3 comprimés à 300 mg par jour pendant 5 à 20 jours.*
**Dopant cérébral**

A fortes doses, ce qui est le cas ici, la théophylline est un stimulant du système nerveux central. Elle augmente l'oxygénation du cœur et du cerveau, favorisant l'éveil et la volonté.

# **TOCOMINE** « *tocophérol* »

*En vente libre.*
*3 à 5 comprimés par jour pendant 20 à 40 jours.*
**Dopant musculaire**

La vitamine E protège les cellules, augmente la résistance à long terme et supprime les « coups de pompe ».

## ** TONÉDRON « *méthamphétamine* »

*Avec ordonnance, tableau B. Interdit aux enfants, aux femmes enceintes et aux sportifs en compétition. Abus dangereux. Prendre avant 16 h.*
*1 injection I.V. par jour pendant 1 à 5 jours.*
**Dopant cérébral et sexuel masculin et féminin**

La seule véritable amphétamine encore disponible légalement en France. Mais son obtention est difficile, elle ne figure pas sur le dictionnaire des médicaments (le Vidal) et n'est pas vendue en pharmacie.

En cas de prescription, **le médecin doit la commander lui-même directement au fabricant** en suivant les règles du tableau B (utilisation de 7 jours maximum) **et réaliser lui-même les injections intraveineuses** chez son patient. Ces précautions sont destinées à lutter contre la toxicomanie car il s'agit d'une substance stimulante très puissante.

Si un médecin veut bien vous en prescrire, vous pourrez bénéficier des effets immédiats du tonédron sur l'éveil, la confiance en soi et l'augmentation des performances physiques et intellectuelles. Sous contrôle médical strict, l'utilisation de ce produit ne présente pas de risques importants.

## TONIBRAL « *déanol* »

*En vente libre. Interdit aux femmes enceintes.*
*2 à 3 ampoules par jour pendant 20 à 45 jours.*
**Dopant cérébral**

Psychostimulant non-amphétaminique, d'action progressive, ne trouble pas le sommeil, utilisable chez les enfants, aide à la transmission de l'influx nerveux entre les neurones.

## TONICALCIUM « *vitamine C, lysine, calcium* »

*En vente libre. Prendre avant 16 h.*
*2 à 3 ampoules par jour pendant 20 à 40 jours.*
**Dopant musculaire**

Association classique de substances énergétiques; combat le surmenage et tonifie.

## TONIQUE VÉGÉTAL « *extraits de plantes* »

*En vente libre. Interdit aux enfants.*
*3 cuillères à soupe par jour pendant 20 à 60 jours.*
**Dopant cérébral et musculaire**

Tonifiant général doux pour les inconditionnels de la médecine par les plantes.

## TONITENSYL « *extraits glandulaires, acides nucléiques, vitamine C* »

*En vente libre. Prendre avant 16 h.*
*2 à 4 comprimés par jour pendant 30 à 60 jours.*

**Dopant musculaire**

Reconstituant et tonifiant.


## TONUVITAL « *déanol, acide ribonucléique* »

*En vente libre.*
*3 à 4 sachets par jour pendant 30 à 60 jours.*
**Dopant cérébral**

Psychostimulant de sécurité pour enfants et adultes; renforce les fonctions cérébrales.


## TORENTAL « *pentoxifylline* »

*Avec ordonnance, tableau C. Interdit aux enfants et aux femmes enceintes. Abus dangereux.*
*4 à 6 comprimés par jour pendant 30 à 90 jours.*
**Dopant cérébral**

Augmente l'oxygénation cérébrale et stimule les capacités d'attention ainsi que la mémoire visuelle et auditive.


## TOTALBÉ « *vitamines B* »

*En vente libre.*
*2 à 4 comprimés par jour pendant 30 à 60 jours.*
**Dopant musculaire**

Apport équilibré de toutes les vitamines du groupe B, vitamines énergétiques par excellence. Prévient les carences et maintient la forme.

## TOTAL MAGNÉSIEN « *sels de magnésium* »

*En vente libre.*
*6 à 10 comprimés par jour pendant 30 à 90 jours.*
**Dopant musculaire et cérébral**

Le magnésium assure l'équilibre musculaire et nerveux. Les carences en magnésium sont très fréquentes et justifient des apports extérieurs réguliers pour maintenir une grande forme.

## TOT'HÉMA « *sels de fer* »

*En vente libre.*
*6 ampoules par jour pendant 30 à 90 jours.*
**Dopant musculaire**

Apport de fer, reconstituant toujours utile.

## TRANSFUSINE « *extraits d'organes* »

*En vente libre.*
*2 à 4 ampoules par jour pendant 20 à 40 jours.*
**Dopant musculaire**

Ce n'est pas une véritable transfusion, mais un remontant buvable qui contient aussi un peu d'alcool.

## TRIOGÈNE FOR « *sels minéraux, plantes* »

*En vente libre.*
*3 cuillères à café par jour pendant 30 à 60 jours.*
**Dopant cérébral**

Stimule les fonctions intellectuelles grâce à un

apport de plantes (kola, gentiane) et de phosphore.

## TRIPERVAN « vincamine »

*Avec ordonnance, tableau C. Interdit aux enfants et aux femmes enceintes. Abus dangereux.*
*2 comprimés par jour pendant 30 à 90 jours.*
**Dopant cérébral**

Oxygénateur cérébral; améliore l'activité du métabolisme des cellules nerveuses. Stimule la mémoire.

## * TRIVASTAL et TRIVASTAL 50 RETARD « piribédil »

*Avec ordonnance, tableau C. Interdit aux enfants et aux femmes enceintes. Abus dangereux.*
*4 comprimés ou 1 comprimé-retard par jour pendant 30 à 90 jours.*
**Dopant cérébral**

Stimule les récepteurs cérébraux à dopamine, ce qui renforce la mémoire, l'idéation et la vigilance.

## * TROPHYCARDYL « inosine »

*En vente libre. Interdit aux enfants et aux femmes enceintes. Abus dangereux.*
*2 à 4 injections I.M. ou I.V. par jour pendant 1 à 10 jours.*

200

**Dopant musculaire**

L'inosine est un tonique du cœur qui stimule la production d'énergie par les cellules. Son utilisation, sur de courtes périodes, permet des efforts musculaires intenses et soutenus.

**TROPHYSAN** « *acides aminés, vitamines, sels minéraux* »

*En vente libre.*
*4 ampoules par jour pendant 20 à 40 jours.*
**Dopant musculaire**

Reconstituant équilibré, utile en périodes de surmenage.

**\* UTÉPLEX** « *acide uridine-5'triphosphorique* »

*En vente libre.*
*3 ampoules par jour ou 2 injections I.M. par jour pendant 20 à 30 jours.*
**Dopant musculaire**

Intervient dans le métabolisme énergétique des muscles. Stimule la force et les possibilités physiques. La forme injectable donne des résultats rapides et combat l'épuisement.

**UVESTÉROL** « *vitamines A.D.E.C.* »

*En vente libre. Prendre avant 16 h.*
*1 à 2 doses par jour pendant 30 à 90 jours.*
**Dopant musculaire**

Apport quotidien de vitamines énergétiques et de croissance. Convient particulièrement aux enfants.

## UVIT B « vitamine B6, magnésium »

*En vente libre.*
*1 à 3 ampoules par jour pendant 20 à 40 jours.*
**Dopant musculaire**

Régulateur de l'excitabilité neuromusculaire.

## VADILEX 20 « ifenprodil »

*Avec ordonnance, tableau C. Interdit aux enfants et aux femmes enceintes. Abus dangereux.*
*3 comprimés par jour pendant 30 à 60 jours.*
**Dopant cérébral**

Vasodilatateur cérébral, stimule la mémoire et l'attention.

## VASCULOGÈNE « vincamine »

*Avec ordonnance tableau C. Interdit aux enfants et aux femmes enceintes. Abus dangereux.*
*6 à 8 comprimés par jour pendant 20 à 40 jours.*
**Dopant cérébral**

Oxygénateur cérébral, à utiliser en cas de manque de concentration intellectuelle.

## VASCULOGÈNE FORT « *vincamine* »

*Avec ordonnance, tableau C. Interdit aux enfants et aux femmes enceintes. Abus dangereux.*
*3 à 4 comprimés par jour pendant 20 à 40 jours.*
**Dopant cérébral**

Semblable au précédent mais avec un dosage deux fois plus fort.


## * VASOBRAL « *dihydroergocryptine, caféine* »

*Avec ordonnance, tableau C. Interdit aux enfants et aux femmes enceintes.*
*2 à 4 mesures par jour pendant 20 à 60 jours.*
**Dopant cérébral et sexuel masculin**

Psychostimulant, vasodilatateur central et périphérique. Améliore l'humeur et la concentration. Pris une demi-heure à une heure avant les rapports sexuels, ce produit stimule l'érection, qui est plus intense et plus durable. Peut également s'injecter localement dans les corps caverneux pour conserver une érection de plus longue durée.


## VASOCALM « *cassis, méprobamate, papavérine* »

*Avec ordonnance tableau A. Interdit aux enfants et aux femmes enceintes. Abus dangereux.*
*3 comprimés par jour pendant 30 à 90 jours.*
**Dopant cérébral**

Vasodilatateur et stimulant cérébral. Favorise la mémoire, l'attention et la vigilance.

## VASTAREL 20 mg « trimétazidine »

*En vente libre. Interdit aux enfants et aux femmes enceintes. Abus dangereux.*
*2 à 3 comprimés par jour pendant 30 à 60 jours.*
**Dopant cérébral**

Augmente les réserves énergétiques au niveau des cellules nerveuses.

## * VIGILOR « fipexide »

*En vente libre. Interdit aux enfants et aux femmes enceintes.*
*3 à 4 comprimés par jour pendant 10 à 30 jours.*
**Dopant cérébral**

Psychostimulant d'action rapide, non-amphétaminique et bien toléré. Augmente l'activité intellectuelle.

## VINCA 10 Comprimés « vincamine »

*Avec ordonnance, tableau C. Interdit aux enfants et aux femmes enceintes. Abus dangereux.*
*4 à 6 comprimés par jour pendant 20 à 40 jours.*
**Dopant cérébral**

Stimule le métabolisme des neurones et améliore le rendement cérébral.

## VINCA 10 Injectable « *vincamine* »

*Avec ordonnance, tableau C. Interdit aux enfants et aux femmes enceintes. Abus dangereux.*
*1 à 3 injections I.M. ou I.V. par jour pendant 5 à 20 jours.*
**Dopant cérébral**

Le même que le précécent, mais la forme injectable agit plus vite.


## VINCA 30 RETARD « *vincamine* »

*Avec ordonnance, tableau C. Interdit aux enfants et aux femmes enceintes. Abus dangereux.*
*2 comprimés par jour pendant 20 à 40 jours.*
**Dopant cérébral**

Une autre forme, plus facile à prendre.


## VINCAFOR RETARD 30 mg « *vincamine* »

*Avec ordonnance tableau C. Interdit aux enfants et aux femmes enceintes. Abus dangereux.*
*2 comprimés par jour pendant 20 à 40 jours.*
**Dopant cérébral**

Toujours la vincamine pour stimuler la mémoire et la concentration.

## VINCARUTINE « *vincamine, rutoside* »

*Avec ordonnance, tableau C. Interdit aux enfants et aux femmes enceintes. Abus dangereux.*
*2 comprimés par jour pendant 20 à 40 jours.*
**Dopant cérébral**

Encore la vincamine, ici complétée par la rutoside qui protège les artères et les veines.

## VITADONE « *vitamines A et D2* »

*Avec ordonnance, tableau C. Interdit aux femmes enceintes. Abus dangereux.*
*1 ampoule par mois pendant 2 mois.*
**Dopant musculaire**

Assure un bon équilibre neuro-musculaire, combat le surmenage.

## VITAMINES B1-B6-B12 ROCHE « *vitamines B1, B6, B12* »

*En vente libre.*
*3 comprimés par jour pendant 10 à 30 jours.*
**Dopant cérébral**

Les vitamines B contrôlent l'énergie des cellules nerveuses. Elles sont nécessaires au maintien d'un niveau de performances intellectuelles élevé.

## VITAMINE C 1000 INAVA « *vitamine C* »

*En vente libre. Prendre avant 16 h.*
*3 à 5 sachets par jour pendant 5 à 15 jours.*
**Dopant musculaire et cérébral**

Un apport énergétique massif et immédiatement utilisable pour vaincre les coups de fatigue.

## VITAMINE C EFFERVESCENTE 1G OBERLIN « *vitamine C* »

*En vente libre. Prendre avant 16 h.*
*3 à 5 comprimés effervescents par jour pendant 5 à 15 jours.*
**Dopant musculaire et cérébral**

La même énergie immédiatement disponible pour ceux qui préfèrent les comprimés effervescents.

## VITATHION à L'A.T.P. « *vitamines, nucléotides, calcium* »

*En vente libre. Prendre avant 16 h.*
*2 à 3 sachets par jour pendant 10 à 30 jours.*
**Dopant musculaire**

Tonique général, utile en cas de surmenage passager.

* **VIVAMYNE** *« vitamines, oligo-éléments, sels minéraux »*

*En vente libre. Prise matinale.*
*1 à 2 comprimés par jour pendant 20 à 30 jours.*
**Dopant musculaire**

Formule très complète et équilibrée. Une façon commode d'assurer les besoins énergétiques de la journée.

* **YOHIMBINE HOUDÉ** *« yohimbine »*

*En vente libre. Abus dangereux.*
*8 à 13 comprimés par jour pendant 5 à 15 jours.*
**Dopant sexuel masculin**

A la fois stimulant cérébral et vasodilatateur périphérique, la yohimbine produit des effets positifs sur l'érection et constitue un traitement de choix des impuissances masculines.

**YSE** *« phosphore, zinc, kola »*

*En vente libre. Interdit aux femmes enceintes.*
*6 à 8 comprimés par jour pendant 10 à 30 jours.*
**Dopant cérébral et sexuel masculin**

Stimulant cérébral, améliore l'humeur et favorise la libido et le désir.

**YSE GLUTAMIQUE** « *acide glutamique, phosphore, zinc, kola* »

*En vente libre. Interdit aux femmes enceintes.*
*6 à 8 comprimés par jour pendant 10 à 30 jours.*
**Dopant cérébral et sexuel masculin**

La formule précédente, complétée par l'acide glutamique qui augmente les capacités d'attention et retarde l'apparition du surmenage.

# Conclusion et perspectives

Au terme de cet ouvrage quelques remarques s'imposent :

Il existe des produits efficaces pour vous permettre de passer un cap difficile mais il ne faut pas oublier que certains problèmes ne pourront être réglés qu'à l'aide d'un traitement de fond.

Bien souvent la qualité de votre forme, de votre tonus, de votre agilité intellectuelle dépend de vos habitudes de vie, de ce que vous mangez et buvez. S'il n'est ni facile, ni toujours possible, de changer sa vie, au moins faut-il savoir organiser son temps, savoir se préparer au lendemain, respecter les cycles et les lieux du sommeil, adopter une hygiène alimentaire et chasser le stress.

Il peut aussi apprendre à se sentir bien dans sa peau, c'est-à-dire croire en soi, être soi-même son meilleur ami, être conscient du temps qui passe et le vivre intensément.

En attendant, il faut tenir. Ce livre vous y aidera.

Vous y trouverez ce qui peut faciliter votre choix. Sans pour autant révéler le produit idéal, l'arme absolue, qui à la fois sécurise, combat le stress, lève les inhibitions, augmente la confiance en soi et donne un sentiment d'invincibilité tout en étant absolument sans danger.

Ce « dopant » idéal n'existe pas encore. Pas sous forme de médicament, mais il existe en vous; c'est votre volonté de vivre.

Tout le rôle des substances stimulantes consiste à la mettre au travail.

# ENQUÊTE

Si vous avez eu l'occasion d'utiliser pour votre usage personnel certains produits dopants, qu'ils soient ou non cités dans ce livre, votre expérience est précieuse et nous souhaitons la connaître.

Qu'il s'agisse d'effets positifs ou négatifs, qu'il s'agisse d'absence de résultats ou d'effets secondaires gênants vous pouvez nous écrire à l'adresse suivante en remplissant le questionnaire ci-joint et en nous le retournant sous enveloppe timbrée.

---

Enquête sur les médicaments « dopants »

Éditions André Balland
33, rue Saint-André-des-Arts
75006 PARIS


*Votre âge :*

*Sexe :*

*Profession :*

*Nom du médicament :*

*Dose utilisée :*

*But de la prise de ce médicament :*

*Résultats :*

*Effets secondaires éventuels :*

*Observations :*

Cet ouvrage a été réalisé sur
Système Cameron
par la SOCIÉTÉ NOUVELLE FIRMIN-DIDOT
Mesnil-sur-l'Estrée
pour le compte des Éditions Balland
le 26 Août 1988

Dépôt légal : août 1988
N° d'impression : 10281

ISBN 2-7158-0702-3
F2 6567

*Imprimé en France*

—